SUPPLEMENT
AU RECUEIL
DE
JURISPRUDENCE
CIVILE
DU PAYS DE DROIT ECRIT
ET
COUTUMIER.

SUPPLEMENT AU RECUEIL DE JURISPRUDENCE CIVILE DU PAYS DE DROIT ECRIT ET COUTUMIER

PAR ORDRE ALPHABETIQUE

Edition de 1746.

Par Me. GUY DU ROUSSEAUD DE LA COMBE, *Avocat au Parlement.*

Contenant les Additions & Corrections inserées en la nouvelle Edition de 1753.

A PARIS,

Chez SAVOYE, Libraire, rue Saint Jacques, à l'Esperance.

M. DCC. LIII.

Avec Approbation & Privilege du Roy.

EXPLICATION

DES ABREVIATIONS

Des noms des Auteurs, des Coutumes, & autres mots qui se trouvent dans cet Ouvrage.

a. c. *ou* anc. Cout.	ancienne Coutume.
Acc.	Accurse.
Am.	Amiens.
Anj.	Anjou.
Ar.	Arrêt.
arg.	*argumento.*
d'Arg.	d'Argentré.
Aug.	Augeard.
Aut.	Automne.
Auv.	Auvergne.
Aux.	Auxerre.
Auz.	Auzanet.
Bacq.	Bacquet.
Bar.	Barry.
Bard.	Bardet.
Bart.	Bartole.
Basn.	Basnage, Edition de 1709.
Beauj.	Beaujollois.
Belord.	Belordeau.
Bened.	Benedicti.
Ber.	Berry.
Bereng.	Berengarius.
Bodr.	Bodreau.
Boer.	Boerius.
Bouch.	Bouchel.
Boug.	Bouguier.
Boullen.	Boullenois, Auteur.
Bourb.	Bourbonnois.
Bourg.	Bourgogne.
Bouv.	Bouvot.
Bret. *ou* Bretonn.	Bretonnier.
Bret.	Bretagne.
Brod.	Brodeau.
Brun.	Bruneau.

EXPLICATION

Bug.	Bugnon.
cent. ch.	centurie, chapitre.
Car.	Carondas.
Camb.	Cambolas.
Capel.	Capella Tolosana.
Catel.	Catelan.
Chassan.	Chassanée.
Chen.	Chenu
Chop.	Chopin.
Chor.	Chorier.
Clar. *ou* J. Clar.	Julius Clarus.
Clerm.	Clermont.
Coq.	Coquille.
Cor. *ou* Corr.	Corrasius.
Covarr.	Covarruvias.
Cravett.	Cravetta.
Dec.	Decius.
Décl.	Déclaration.
Desp.	Despeisses, de l'Edition en trois vol.
d'Ol.	d'Olive.
Dr. comm.	Droit commun.
Duar.	Duarenus.
Dun.	Dunois.
du Perr.	du Perray.
Dupin.	Dupineau.
Dupless.	Duplessis.
Durant.	Duranti.
Expil.	Expilly.
Fab.	Faber.
Fach.	Fachin.
Fern.	Fernandés.
Ferrer.	Ferrerius.
Ferron.	Ferronius.
For.	Forés.
Fulgos.	Fulgosius.
Fusar.	Fusarius.
gl.	*glossâ.*
Godefr.	Godefroy.
Gom.	Gomés.
Grass.	Grassus.
Greg. *ou* P. Greg.	Petrus Gregorius.
Gudel.	Gudelinus.
Guen.	Guenois.
Guer.	Gueret.
Guy Pap.	Guy Pape.
Henr.	Henrys.
J. Pal.	Journal du Palais, Edition de 1713.
J. Aud.	Journal des Audiences.

Imb. . . . . Imbert.
Laland. . . . . Lalande.
Lancel. . . . . . . Lancelot.
La Peyr. . . . . . La Peyrere.
La Thaum. . . . . La Thaumaſſiere.
Le Br. . . . . . . Le Brun.
Le Gr. ſur Tr. . . Le Grand ſur la Coutume de Troyes.
Loud. *ou* Lodun. . . . . Lodunois.
Loiſ. . . . . Loiſel.
Loyſ. . . . . . . Loyſeau.
Lyon. . . . . . Lyonnois.
Mâc. . . . . . . Mâconnois.
Main. . . . . Maine.
Mant. . . . . Mantes.
Mantic. . . . . Mantica.
Maſcard. . . . . Maſcardus.
Mayn. . . . . Maynard.
Maz. . . . . Mazuer.
Mel. . . . . Melun.
Mœnoc. . . . . Mœnochius.
Mol. . . . . du Moulin.
Montf. . . . . Montfort.
Monthol. *ou* Montel. . . . . Montholon *ou* Montelon.
Morn. . . . . Mornac.
Mynſing. . . . . Mynſinger.
n. c. *ou* nouv. Cout. . . . . . nouvelle Coutume.
Neguz. . . . . . Neguzantius.
Ner. . . . . Neron.
Niv. . . . . . . Nivernois.
Norm. . . . . Normandie.
Ord. . . . . . . Ordonnance.
Orl. . . . . . . Orleans.
P. de Ferrar. . . . . Petrus de Ferrariis.
Pap. . . . . Papon.
Par. . . . . Paris.
Pel. . . . . Peleus.
Peregr. . . . . Peregrinus.
Perez. . . . . Perezius.
Peron. . . . . Peronne.
Poit. . . . . Poitou.
Pont. . . . . Pontanus.
Ponth. . . . . . . Ponthieu.
Queſt. . . . . Queſtion.
Rag. . . . . . . Ragueau.
Ranch. . . . . Ranchin, de l'Edit. de 1709.
Rebuff. . . . . . . Rebuffe.
Ren. . . . . . . Renuſſon.
Ric. . . . . Ricard.

EXPLICATION DES ABREVIATIONS, &c.

Rob.	Robert.
Rouill.	Rouillard.
S. de Præt.	Simon de Prætis.
Salv.	Salvaing.
Senl.	Senlis.
Soëf.	Soëfve.
Tab. cout. gen.	la table du Coutumier général.
Theven.	Theveneau.
Tiraq.	Tiraqueau.
Tronç.	Tronçon.
Tour.	Touraine.
Tourn.	Tournet.
v.	*vide.*
Val.	Valois.
Vaſq.	Vaſquier.
Verm.	Vermandois.
Vig.	Vigier.
Vinn.	Vinnius.
Zoëz.	Zoëzius.

Les autres abréviations s'entendent facilement.

SUPPLÉMENT

SUPPLÉMENT AU RECUEIL DE JURISPRUDENCE CIVILE, DU PAYS DE DROIT ECRIT ET COUTUMIER.

Edition de 1746.

Contenant les Corrections & Augmentations inserées en cet Ouvrage dans la derniere Edition de 1753.

A

ABSENT.

PAGE 2, colonne 1re. ligne 9, après n. 44, *ajoutez*, *v. infr.* n. 12.

Ibid. nomb. 4, ligne 4, *in fine*, *ajoutez ce qui suit:*

Même dans tous les cas, si ceux qui y ont interêt ne justifient que l'absent est vivant; parce qu'en ce cas, la présomption est pour sa mort, particulierement s'il a disparu depuis quelque tumulte ou bataille où il étoit.

Ibid. col. 2, nomb. 5, à la fin du second *à lineâ*, après qu. 77, *ajoutez*, *v. infr.* nomb. 12.

Ibid. page 3, col. 2, au-dessous du

nomb. 10, du mot ABSENT, *ajoutez ce qui suit* :

11. Le plus proche parent de l'abſent étant envoyé en poſſeſſion, a le droit d'exercer ſes actions reſcindantes & reſciſoires, plutôt comme Adminiſtrateur, tenant lieu d'heritier par proviſion, que comme Procureur. Ar. de Toulouſe 27 Avril 1669. Catell. liv. 2. ch. 57.

12. La regle eſt après dix ans d'abſence ou des dernieres nouvelles, que les plus proches obtiennent ſur Requête l'Ordonnance du Juge qui les envoye en poſſeſſion des biens de l'abſent.

Le ſieur Aſſelin ayant épouſé en 1737 la Demoiſelle Pierre, s'engagea quelque tems après, quitta ſa femme & un enfant de leur mariage, enſuite il a paſſé chez les ennemis. Comme il n'avoit pas de bien, ſa femme n'a point formé de demande pour ſes repriſes & conventions; mais ſa mere étant morte en 1746, ayant laiſſé un mobilier conſiderable, & fait une ſubſtitution en faveur de ſon petit-fils, ſa femme a demandé l'envoi en poſſeſſion pour ſon enfant, & cet enfant étant venu à mourir, elle a demandé l'envoi en poſſeſſion en ſon nom, comme heritiere mobiliere de ſon fils. Le ſieur Bonamour plus proche heritier du pere s'y eſt oppoſé & a formé même demande; & par Sentence contradictoire du Châtelet, ſans s'arrêter à ſa demande, la femme a été envoyée en poſſeſſion.

Sur l'appel de Bonamour, Arrêt du Samedy 26 Juillet 1749, ſur les concluſions de M. Joly de Fleury, plaidant M[e]. Paporet pour la femme, M[e]. Bazin pour l'Appelant, & M[e]. Porrier pour l'Exécuteur teſtamentaire, confirme la Sentence; & faiſant droit ſur la demande de l'Appelant, ordonne que la femme donnera Caution pour les arrerages, dépens compenſés. Pourra l'Exécuteur teſtamentaire employer les ſiens.

ACCESSOIRE.

Page 3. col. 1. à la fin du nomb. 1. de ce mot, *ajoutez* : Mais *v.* reſtitution, ſect. 1. n. 16.

Ibid. à la fin du nomb. 2. *ajoutez*, *v.* Meubles, n. 9.

3. Qui perd le principal perd l'acceſſoire, *ut in leg.* 27. *quemadm. ſervit. amitt.*

ACCROISSEMENT.

Page 4. col. 1. à la fin du *nota* 5°. *ajoutez* : *v. ſupr. nota* 1°. & *infr.* n. 6. les Arrêts des 11 Juillet 1647 & 12 Juill. 1686, qui ne ſont point contraires à ce que deſſus.

Page 6. col. 2. n. 12. lig. dern. & pag. 7. col. 1. ligne 1. au lieu de Fachin. 10. controv. *cap.* 3 & 69, *liſez*, Fachin. *lib.* 5. *cap.* 101. & *lib.* 10. *cap.* 3.

ACCUSATION.

Page 7. col. 2. au commencement du nombre 7. *mettez ce qui ſuit* :

7. Impubere *tenetur lege Aquiliâ, ſi ſit injuriæ capax, l.* 5. §. 2. *in fin. ad leg. Aquil. qui proximus pubertati ſit, l.* 111. *de div. reg. jur. Si jam doli capax ſit, l.* 23. *de furtis. Obligatur crimine furti, ſi proximus pubertati ſit, & ob id intelligat ſe delinquere.* §. 18. *de oblig. qu. ex delict. naſc.* mais l'on doit adoucir la peine, *l.* 9. §. 2. *de minorib.* Ar. 16 Mars 1630, &c.

ACQUEST.

Page 9, col. 2, au-deſſous du nomb. 6. *ajoutez* :

7. Acquêt étant fait des deniers du mineur par ſon Tuteur au nom de Tuteur, le mineur a droit de le revendiquer. De même de ſes deniers prêtés par ſon Tuteur, *l.* 2. *ff. & cod. quand. ex fact. tut.* ce qui a lieu en faveur de l'Egliſe & de la femme, Bart. Godefr. *in dict. leg.* 2. *ff.*

ACTE *d'heritier.*

Page 9. col. 2. n. 1. ligne 3. après le mot, heritier, *ajoutez* : *Cùm mando Procuratori ut adeat, ſtatim ſum hæres, & ſic nihil remanet faciendum per Procuratorem.*

Ibid. ligne 4. à la fin du nombre 1. *ajoutez* :

Il en doit être de même de la Renonciation. *Nam recusari hæreditas non tantum verbis, sed etiam re potest, & alio quovis indicio voluntatis, leg. 95. de adquir. vel omitt. hæred.*

Ibid. page 10. col. 1. nomb. 4. lign. 14. après n. 3. *ajoutez:* même sans protestation, *gloss. ad leg.* 14. §. 8. *de relig. & sumpt. fun.*

AGE.

Page 13, audessous de ce mot, *ajoutez*, *v.* Legs, part. 2. sect. 15. n. 4.

Ibid. avant le nomb. 1. *ajoutez:*

De l'âge des Témoins dans les testamens, *v.* l'Ordonn. des testam. art. 39.

Pag. 14. après le nomb. 5. *ajoutez:*

Ainsi par argument tiré de l'article 293. de la Coutume de Paris, mineur âgé de vingt ans peut tester des propres fictifs, lesquels à l'égard des testamens ne sont considerés que comme meubles ou acquêts; c'est un des points jugés par l'Arrêt de Jacq. Chollet, Avocat en la Cour, *v.* Ricard sur ledit art. 293. Mais *v.* Propres-fictifs, n. 6.

Ibid. après le nomb. 6. *ajoutez:*

Cependant suivant ledit art. 272. celui qui se marie ou qui a obtenu benefice d'âge peut à vingt ans accomplis disposer de ses meubles, *v.* Desp. tom. 1. part. 1. tit. 14. sect. 1. n. 9.

Ibid. col. 2. à la fin de la ligne 8e. *ajoutez: v.* l'Ordonn. de 1735. art. 21.

AINE'.

Pag. 19. n. 24. lign. 1. *après ces mots*, à leur pere, *ajoutez*, en termes collectifs.

Ibid. à la fin de ce nombre 24. *ajoutez:*

Secùs en fideicommis fait *nominatim.* Ricard, des Substit. part. 1. n. 582.

AJOURNEMENT.

Page 23. à la fin du nomb. 1. *ajoutez*, *v.* Retrait.

ALIENATION.

Pag. 24. col. 1. à la fin de la lig. 2e. *ajoutez*, *v.* Eglise.

Page 27. col. 1. à la fin du nomb. 4. *ajoutez:* Mais un seul peut s'opposer à l'aliénation sans cause légitime & la faire annuller, *cap. 6. extr. de reb. Eccl. alien. In re communi potior est conditio prohibentis, cap.* 56. *de reg. jur. in* 6°.

Ibid. page 30. col. 2. nomb. 4. ligne 5. au lieu de 53. *mettez*, 35.

AMEUBLISSEMENT.

Page 36. col. 1. à la fin de la ligne 4e. *ajoutez*, *v.* Succession, part. 2. sect. 2. n. 2.

AMORTISSEMENT.

Page 37. col. 1. à la fin de la ligne 2e. *ajoutez*, mais *v.* Lettres de ratification.

Ibid. n. 6. lign. 1. 1024. *lisez*, 1724.

Ibid. lign. 2. 21 Janvier, *lisez* 27 Janvier.

ANTICHRESE.

Page 38. col. 1. à la fin du deuxiéme *alinea*, après le mot, Paris, *ajoutez*, *v.* Fachin. *lib.* 2. *cap.* 12.

Page 39. après le nomb. 5. du mot APPANAGE. *Mettez* ce qui suit:

APPARTENANCES *& dépendances.*

Le legs d'un Château ou d'une Maison avec ses appartenances & dépendances, ne comprend les fonds & autres biens particuliers qui y sont adjacens, que quand le tout a été acquis par un même contrat, ou quand le pere de famille en a usé comme des appartenances & dépendances du Château ou de la Maison, *Fach. lib.* 5. *cap.* 65.

Ibid. col. 2. après le nomb. 4. *ajoutez ce qui suit:*

5. Quand la Sentence est exécutoire par provision en cas d'appel, en donnant Caution, l'appel suspend quant aux dépens; & pour le principal, pour mettre la Sentence à exécution, il faut fournir Caution juratoire au Greffe, Partie presente ou dûement appellée.

Ibid. au mot ARBITRES, après ces mots, *v.* Compromis, *ajoutez ce qui suit:*

1. Ne sont obligés en conscience de juger selon toute la rigueur de la Loi, & y peuvent apporter quelque temperamment,

pourvû qu'il ne soit injuste, Pontas, *verb.* Arbitres, cas 1. Il y a cependant différence entre les Arbitres & les amiables Compositeurs; les premiers doivent observer l'ordre judiciaire, *l.* 1. *de recept. qui arbitr.* les autres non, mais juger *ex æquo & bono.* Godef. *ad leg.* 76. *pro socio.*

2. Arbitres peuvent être contraints par le Juge de rendre leur Sentence, s'ils n'ont des empêchemens légitimes, *l.* 15. *de recept. & qui arbitr. receper.* s'entend *aperto compromisso, & cœpto judicio*, Arrêt de 1595. Mornac, *ad dict. l.* 15. Arr. 26 Janv. 1537. Bouchel Bibl. du Dr. Franç. *verb.* Arbitrage. Sinon que les Parties y consentent, Arrêts 26 Janvier 1534 & 13 May 1566. Papon, liv. 6. tit. 3. n. 3.

ARGUMENT.

Page 40. col. 1. à la fin du nombre 1. de ce mot, *ajoutez ce qui suit* :

Mais Fachin, *lib.* 12. *cap.* 3. fait voir que l'argument *à contrario sensu* tiré des Loix est bon, lorsque les autres Loix n'y sont pas contraires, *v. eund. cap.* 9. sur les dernieres volontés, & *cap.* 10. sur les Rescrits des Princes.

ARRHES.

Page 41. à la fin du nomb. 1. de ce mot, *ajoutez*, *v.* Fachin, *lib.* 2. *cap.* 28.

ATTERMOYEMENT.

Page 42. après *v.* Banqueroute, *ajoutez*, *v.* Desp. tom. 1. part. 1. titre 5. sect. 3. n. 29.

AVANTAGE *indirect.*

Pag. 42. col. 2. avant le sommaire & après les mots, *v.* Incapacité, *ajoutez*, *v.* Legs, part. 3. sect. 8.

Ibid. page 43. col. 1. ligne 25. après liv. 5. ch. 9. *ajoutez*, qui a jugé en faveur de la belle-mere, à cause de l'article 283. ce qui ne doit avoir lieu dans les autres Coutumes. Ric. *eod.* n. 740.

Ibid. col. 2. nomb. 3. *in fin. ajoutez*, sect. 1. n. 2.

Ibid. pag. 44. nomb. 5. lign. 6. au lieu de Mais *v.* Consentement, *mettez*, Mais *v.* Bourgogne, Duché, titre 4. art. 7. *v.* Consentement, *v.* Incapacité, n. 3.

Ibid. sect. 2. n. 1. lign. 2. après le mot considerable, *ajoutez*, faite à personne prohibée.

AUBAINE.

Page 46. col. 2. nomb. 10. lig. 4 & 5, au lieu de, *v.* le Bret, de la Souveraineté, livre 2. ch. 11. *mettez*, contre le Bret, de la Souveraineté, liv. 3. chap. dernier *in fin.*

Ibid. page 47. col. 1. après le nomb. 13. *ajoutez ce qui suit* :

14. Genevois en sont exempts, Lettres Pat. en Janv. 1608. *v.* Arr. 27 Juin 1705. *J. Aud.*

AVEU *& dénombrement.*

Page 51. col. 1. à la fin du nomb. 6. *ajoutez*, *v.* Foi & hommage, n. 2.

AUMOSNE.

Page 53. col. 2. au-dessous du nomb. 2. de ce mot, *ajoutez ce qui suit :*

3. Tenure en franche aumône, *v.* Basn. sur Norm. 139. *in fin.* Boucheul sur Poitou, 52. Jacob. Vign. & Maich. sur S. J. d'Angely, tit. 4. art. 1.

Arrêt du Gr. Conf. du 27 Juillet 1735. qui juge que la possession immémoriale fait présumer la franche-aumône, en faveur du Prince de Courtenay, contre le Marquis de Rambure.

Autre pareil Ar. du Gr. Conf. du 4 Janv. 1737. en faveur des Peres de l'Oratoire, contre la Dame de Crussol, pour les terres de l'ancien Domaine d'un Prieuré, uni à la Maison de l'Institution de Paris.

Autre pareil Arrêt du Parl. du 7 Sept. 1640. en faveur du Prieur de S. Paul aux Bois, contre le Seigneur de Terny.

Autre pareil du Parlement du 30 Juillet 1686. en faveur des Religieux de Vauxolles contre le Seigneur d'Honnecourt, pour leur Cense de Pezieres.

Autre de la cinq. Ch. des Enq. du 12 Juin 1731. en faveur du Curé de Nibelle contre M. de Saint-Florentin.

Autre de la Gr. Ch. du 24 Janv. 1739. contre le sieur Quentin Gallois, en faveur de l'Abbaye de S. Remy de Reims, au rap. de M. Bochard de Sarron.

Arrêt du Gr. Conf. du 13 Juillet 1720. contre les Religieux de Longueville, qui juge qu'en Norm. *v.* l'art. 100. le Roi seul peut ériger un Fief, & que la possession la plus longue & la plus constante n'avoit point la force de rendre Fief un Domaine qui de sa nature est roturier.

AVOCAT.

Page 55. à la fin de la col. 1. *ajoutez ce qui suit :*

Par Arrêt du Samedy 25 May 1748. rendu sur les concl. de M. Joly de Fleury, Avoc. Gen. la Sentence du Châtelet a été infirmée, en ce qu'elle avoit fait défenses en ces termes, *au nommé* P*** de signer à l'avenir de pareils Mémoires. *Nota*, ils étoient remplis d'injures; émendant, la Cour a réiteré les mêmes défenses, & faisant droit sur les conclusions du Procureur Gen. du Roi, a ordonné que ledit P*** Avocat, demeureroit rayé du Tableau. La Cour a jugé par-là qu'il n'appartient point aux Juges inferieurs d'ôter l'état à un Avocat reçu en la Cour, en disant *le nommé.*

AUTORISATION.

Page 58. col. 2. nomb. 21. à la fin du premier *à-lineà*, après *v.* Orl. 200. *ajoutez ce qui suit :*

Cela se juge ainsi en la Tournelle, Arr. du 23 Avril 1749. plaidans Mes. Babille & Petitjean, M. Joly de Fleury, Avocat General.

Ibid. page 59. col. 1. *in fin. ajoutez :*

23. Il en est de même de l'autorisation du mari, que de celle du Tuteur, *Tutor statim in ipso negotio præsens debet auctor fieri ; post tempus verò, aut per epistolam interposita ejus auctoritas nihil agit, l.* 9. §. 5. *de auct. & conf. tut. & curat.* §. 2. *Inst. eod.* Mais il peut autoriser par Procureur fondé de sa procuration spéciale.

B

BAIL.

PAGE 60. col. 1. ligne 2. de ce mot, après par corps, *ajoutez*, *v.* Louage.

Ibid. avant le sommaire, *ajoutez ce qui suit :*

Locataire peut enlever ce qu'il a joint à la maison, en rendant les choses au même état, sans déterioration, *leg.* 19. §. 4. *locat. cond.* de même du Fermier & de l'usufruitier, *leg.* 59. *de rei vindicat. v. leg.* 15. *de usufr. & quemadm.*

Ibid. page 61. col. 2. sect. 2. au-dessous de ces mots : De l'effet de la Loi *Emptorem*, *ajoutez ce renvoi :*

V. supr. sect. 1. n. 5.

Ibid. page 62. col. 1. sect. 3. avant le nomb. 1. *ajoutez*, *v.* Frais funeraires.

Ibid. col. 2. sect. 4. à la fin du nomb. 2. *ajoutez*, *v.* Desp. tom. 1. pag. 1. du louage, sect. 4. n. 13. *vers.* 70. Mais *v.* S. Leu sur Senlis, 287 & 288.

Ibid. page 63. col. 1. à la fin de la lign. 5. *ajoutez* : *v.* Coq. sur Nivern. ch. 7. art. 3.

Ibid. ligne 7. *effacez le mot* solidement, *& après le mot* contraire, *ajoutez*, mais *v.* S. Leu sur les art. 287 & 288. de Senlis.

Ibid. page 65. col. 2. à la fin du nomb. 6. *ajoutez*, *v.* Fachin, *lib.* 1. *cap.* 86.

Ibid. après le nomb. 9. *ajoutez ce qui suit :*

10. Locataire peut demander la résolution du bail, lorsque le Voisin en bâtissant, a obscurci la maison, *leg.* 25. §. 2. *locati.* Mais à l'égard de l'usufruitier, *v. leg.* 21. *de usufr. & quemadm.*

BAIL *Judiciaire.*

Page 66. col. 1. nomb. 1. *in fin. ajoutez*, *v.* Réparations, n. 6.

Ibid. au-dessous du nomb. 6. *ajoutez ce qui suit :*

7. Caution du Fermier judiciaire ne l'est que du prix du bail, non des dégradations.

BASTARD.

Page 72. col. 2. à la fin du nomb. 2. *ajoutez :*

Mais l'ayeul, *nullâ relictâ sobole*, peut instituer le fils légitime de son fils bâtard, *Fachin. lib.* 5. *cap.* 97. *v. infr. n.* 5.

Page 73. col. 1. avant le mot BENEFICE *d'inventaire, ajoutez ce qui suit :*

BELLAC.

V. Testament, sect. 3. distinct. 4. n. 7. *v.* Lods, n. 1.

BILLET.

Page 73. col. 2. à la fin du nomb. 2. *ajoutez à-lineâ, ce qui suit :*

Cependant, Arrêt du Vendredy 5 Juill. 1748. plaidans Mes. Bidault & Prunget, confirme la Sentence du Bailly de S. Denis, qui avoit ordonné la vérification de la signature d'une Maîtresse, portant reconnoissance de dépôt de 300 liv. à elle fait par sa Servante, quoique le billet fût écrit de main étrangere, même l'approbation d'icelui.

BORNES.

Page 75. col. 1. nomb. 1. lign. 5. après *v.* Complainte, n. 10. *ajoutez, v. Fachin. lib.* 8. *cap.* 35.

C

PAGE 75. col. 2. avant le mot CARRIERE, *ajoutez ce qui suit :*

CALOMNIE.

1. L'action de calomnie *in hæredem competit in id quod ad eum pervenit. . . . . Nam turpia lucra hæredibus extorqueri, licet crimina extinguantur, l.* 5. *de calumn. v. tit. cod. ex dolo defuncti in quant. contr. hæred. v. l.* 17. *quod. met. caus.*

2. Celui qui a reçu de l'argent pour se désister d'une accusation calomnieuse, est tenu de l'action de calomnie si l'Accusé se trouve innocent, *l.* 8. *de calomniator.*

CAUTION.

Page 77. col. 1. lig. 1. après *v.* Aubain, sect. 2. n. 2. *ajoutez ce renvoi, v.* Appel, n. 5.

Ibid. col. 2. n. 4. ligne 12. après, fidejusseur, *ajoutez ces mots :* c'est-à-dire, Caution juratoire.

Ibid. page 78. col. 1. après le nomb. 9. *ajoutez ce qui suit :*

10. Si le Testateur peut décharger de donner Caution son Legataire d'usufruit de choses qui se consument par l'usage, *v.* Usufruit, sect. 2.

Ibid. col. 2. à la fin de la ligne 6. *ajoutez, v. Fachin. lib.* 8. *cap.* 51.

Ibid. page 80. col. 1. lign. 6. *in fin. ajoutez, v. Fach. lib.* 2. *cap.* 88.

Ibid. pag. 82. col. 1. à la fin du nomb. 9. *ajoutez ce renvoi, v.* Interêts, n. 1.

CENS.

Page 82. col. 2. au-dessous de ce mot, & avant le nomb. 1. *ajoutez ce qui suit :*

V. Papier censier, *v.* Solidité.

Census accipitur pro modico canone annuo quod præstatur in recognitionem directi Dominii & Jurium Dominicalium, Mol. *Par. tit.* 2. *n.* 20.

Jus Dominicale secundùm nostrum loquendi modum, est illud dumtaxat quod Jure Dominii directi, feudarii vel censuarii competit, vel debetur ex dispositione legis & consuetudinis feudalis vel censuariæ, Domino directo feudali, undè nec ad alia Jura quàm in consuetudine expressa fieri debet extensio, ibid. n. 4.

Duo sunt Jura Dominii directi rerum immobilium, feudale & censuale . . . in totâ enim Galliâ . . . . non solent esse alia Jura Dominicalia quàm hæc duo, ibid. n. 1.

Non tamen inconvenit quin vel ipsi Domi-

no directo ex speciali pacto debeantur alia quædam jura . . . sed ista non sunt, nec computantur inter vera Jura Dominicalia, sed inter jura privata & servitutes, quæ ex variis concessionum & contractuum vel causarum figuris cuivis privato & extraneo seu non habenti Dominium directum deberi possunt; undè ejusmodi Jura non habent fomentum hujus consuetudinis, sed relinquuntur in dispositione Juris communis, nec pro illis Juribus privatis & ab hac consuetudine incognitis, competunt remedia & privilegia, specialiter ab hac consuetudine, pro Juribus Dominicalibus introducta, *ibid. n.* 3.

Apud nos contractus censualis est quando Dominium utile certi fundi transfertur sub annuâ & perpetuâ pensitatione, nomine censûs, retento Dominio directo & Juribus Dominicalibus, *dict. n.* 20.

Non possunt esse duo Dominia directa feudalia vel censualia ejusdem rei, *dict. n.* 5. *Sed in aliis Juribus non Dominicis . . . . in censum & in alium reditum perpetuum, vel in censum & partem fructuum seu campi partem, vel censum & emphiteusim*, *ibid. n.* 6.

Si Dominus concesserit certum jugerum terræ, à 2 sols de cens, & 5 deniers de rente annuelle & fonciere . . . *tamen si debitor censum non autem debitum solverit . . . . nec fructuum pendentium prehensionem patietur . . . in vim consuetudinis, videlicet vi & potestate Dominica censuali.* Mol. §. 13. *gl.* 1. *n.* 10. *v. supr. n.* 3.

Capitalis census dicitur ad differentiam super census vel secundi census, idque dupliciter. Aut hoc secundum onus est appositum in augmentum primi, & utrumque est unus & idem census. Aut secundum onus est appositum tanquàm separatum per se, & tunc verè non est census, sed reditus fundiarius, Mol. *ibid.* §. 13. *gl.* 1. *n.* 15.

Page 83. col. 1. ligne 12. *au lieu de* mais il faut, *mettez*, il y en a qui prétendent qu'il faut des payemens, &c.

Et à la fin de ce nomb. 1. *ajoutez ces mots*: *Sed malè*, *v.* Solidité, n. 2.

Page 85. col. 2. nombre 10. ligne 14. *in fin. ajoutez ce qui suit :*

V. la Roche des Droits Seigneuriaux, chap. 1. art. 3. & Graverol, *eod.* & art. 4, 5 & 10. *v.* encore Henr. & Bret. tom. 2. liv. 3. qu. 12. qui improuvent cet Arr. aussi-bien que Graverol.

CESSION.

Page 86. col. 1. au-dessous de ce mot, & avant le nomb. 1. *ajoutez ce qui suit :*

V. l'Ordonn. de 1669. tit. 6. art. 11. & la Déclaration du 23 Décemb. 1699. concernant les Lettres de répi; mais *v.* Lettres de répi.

Page 87. col. 2. après le nombre 7. du mot CHAMPART, *ajoutez ce qui suit :*

CHANGEMENT.

Changement de quelques parties d'un corps, n'empêche que ce corps ne demeure le même, *l.* 76. *de judiciis*, *l.* 10. §. 7. *quib. mod. usufr. amitt. l.* 22. *de legat.* 1. *l.* 65. §. 2. *eod. l.* 20. §. 2. *de servit. urban. præd. l.* 7. §. 2. *quod cuj. univers.* Pas même le changement de toutes les parties à la fois, s'il se fait dans l'intention de replacer les mêmes parties ensemble, *l.* 83. §. 5. *vers. & navis, de verb. oblig. l.* 98. §. 8. *vers. ut si navem, de solut.*

Page 88. col. 1. après le nomb. 2. du mot CHEMIN, *ajoutez ce qui suit :*

3. Chemin de charoi & de servitude doit être de huit pieds de largeur dans son étendue, & de seize pieds dans les tournans, selon la Loi des douze Tables, *l.* 8. *de servitut. præd. rustic.* s'entend si la largeur n'est exprimée par le titre, *l.* 23. *eod.*

4. En legs de servitude de chemin par un fond, la Loi 26. *eod.* veut que l'heritier ait le choix de le donner par la partie du fond qu'il voudra, & la Loi 9. *de servitut.* donne ce choix à l'heritier; mais les Arbitres en doivent décider, *leg.* 13. §. 1. & §. *ult. de servitut. præd. rust.*

CHETEL.

Pag. 89. col. 2. sect. 2. lig. 9. *après* Nivern. art. 4. *effacez tout ce qui suit* recto & verso, *jusques & non compris la sect. 3. & substituez-y la correction suivante :*

Et que la perte par cas fortuit sera commune ; mais non que le Preneur sera tenu de toute perte, même du cas fortuit, la Thaum. sur Berry, art. 11. S'il n'y a point de stipulation sur la perte par cas fortuit, la perte de tout le chetel sera commune, Nivern. art. 3 & 4. mais *v.* Coq. sur ledit art. 4. Il y a Arrêt du 23 Janv. 1748. sur déliberé, au rapport de M. l'Abbé Langlois, qui charge le Proprietaire de toute la perte des bestiaux de la Ferme péris de la maladie épidemique, même fait diminution sur le prix du bail.

A l'égard du chetel donné par le Proprietaire à son Fermier, en ce cas, s'il n'y a de stipulation contraire dans le bail à ferme, le Preneur seul est tenu de la perte totale par cas fortuit, parce qu'en ce dernier cas, le chetel étant donné par estimation, elle tient lieu de vente, *æstimatio venditio est, leg.* 51. *solut. matrim. leg.* 10. §. 5. *de jur. dot.* & le Preneur en doit seul courir le risque : *Si æstimata res data sit, omne periculum præstandum ab eo qui æstimationem se præstaturum recepit, leg.* 5. §. 3. *commodat. vel contrà.* En ce cas les bestiaux s'appellent bêtes de fer, parce qu'elles ne peuvent mourir à leurs Seigneurs, Beaumanoir, chap. 68. la Thaumass. sur Berry, titre 17. *in princip.* Mais *v.* Coq. sur Nivern. *eod.*

CHIRURGIEN.

Page 90. col. 2. au-dessous de ce mot, *ajoutez ces renvois :*

V. Imperitie, *v.* Médecin, *v.* Préference, n. 8.

CO-HERITIER.

Page 92. col. 1. n. 3. ligne 4. *au lieu de* liv. 8. *mettez* liv. 7.

Ibid. col. 2. après le nomb. 7. *ajoutez ce qui suit :*

8. Un des co-heritiers ne peut vendre les choses singulieres, mais bien sa portion indivise, la Roche, liv. 6. tit. 1. art. 1. *v.* Graverol, *ibid. v.* Vente, sect. 2. n. 2.

9. Un des co-heritiers peut forcer son co-heritier de payer sa part d'une dette solidaire, *l.* 18. §. 4. *fam. ercisc.* surtout s'il s'agit d'éviter une peine, *l.* 25. §. 13. *eod.* ou de retirer un gage, *dict. l.* 25. §. 14.

COMMISE.

Page 96. col. 1. après le nomb. 2. *ajoutez ce qui suit :*

Par Arrêt de la Gr. Chamb. du 29 Mars 1703. au rapport de M. Dreux ; pour s'être Antoine Vitart de Breteuil, témerairement inscrit en faux contre une ancienne saisie féodale, & un ancien acte de foi & hommage, s'être servi & avoir déclaré qu'il vouloit se servir de l'expedition d'un ancien acte de foi & hommage à lui délivré en la Chambre des Comptes, maintenu par le sieur de Castagnere avoir été falsifié, de laquelle, après l'inscription en faux formée par ledit de Castagnere, ledit Vitart s'est désisté ; & encore pour avoir persisté dans son désaveu de la mouvance de Marolles, depuis qu'il a été abandonné par les Officiers du Domaine, & autres cas résultans de l'Instance ; la Cour a déclaré le Fief de Robille, acquis & confisqué par droit de commise, au profit dudit de Castagnere, en qualité de Seigneur de Marolles, & réuni pour toujours audit Fief de Marolles, sans néanmoins que le présent Arrêt puisse être tiré à conséquence pour autres cas où les Vassaux reclameront simplement la féodalité du Roi, *J. Aud.*

Nota ledit Vitart s'étoit servi de termes injurieux dans ses Requêtes contre ledit de Castagnere.

COMMITTIMUS.

Page 97. col. 1. au-dessous de ce mot, *mettez l'addition suivante :*

V. Privilege, n. 3 & 4. *v.* Juges, n. 5.

V. Ord. 1669. tit. 4. des Committimus & Garde-gardienne.

1. Committimus au grand & petit Sceau n'a lieu, tant en demandant que défendant, que pour Causes civiles, personnelles, possessoires & mixtes, entieres & non contes-

tées,

tées, art. 1. Suivant l'art. 43. de l'Ord. de 1498. il n'avoit lieu que pour les causes personnelles & provisoires.

Ainsi depuis l'Ordonnance de 1669. il a lieu pour demandes en déclaration d'hipoteque, & pour les saisies-réelles. Quoique le Demandeur ait assigné devant le Juge ordinaire, il peut user de son Committimus avant contestation en Cause.

2. N'a lieu au grand Sceau, s'il s'agit de distraction de ressort d'un Parlement, que pour 1000 liv. & au-dessus, & petit Sceau pour 200 liv. art. 2.

3. Est sujet à surannation, art. 7.

4. Maris ne peuvent user du Committimus appartenant à leurs femmes. Veuves jouissent de celui de leurs maris, tant qu'elles demeurent en viduité. De même des femmes séparées, art. 16. non contre leurs maris.

5. Maîtres des Requêtes & leurs veuves ne peuvent plaider, en vertu de leur Committimus, qu'aux Requêtes du Palais; & les Officiers des Requêtes du Palais & leurs veuves, qu'aux Requêtes de l'Hôtel, article 19.

6. Comment les Cessionnaires en peuvent user, *v.* art. 21 & 22. Et comment les créanciers contre les débiteurs de leurs débiteurs, pour affirmer ce qu'ils doivent, art. 23.

7. N'a lieu ès demandes pour passer déclaration ou titre nouvel de censives, ou rentes foncieres, ni pour arrerages, ni aux fins de quitter la possession d'heritages ou immeubles; ni pour les élections, tutelles, curatelles, scellés & inventaires, acceptation de garde-noble, ou pour matieres réelles, encore que par le même exploit la demande fût faite afin de restitution de fruits, article 24.

Ainsi le Seigneur direct ou féodal, ni ses Censitaires ou Vassaux n'en peuvent user; & ce sont les Juges des Seigneurs qui doivent connoître de tout ce qui concerne les Domaines, droits & revenus ordinaires ou casuels, tant en Fief que de roture de la Terre, même des baux, sous-baux & jouissances, circonstances & dépendances, *v.* l'art. 11 du titre 24 de l'Ordonnance de 1667, parce qu'en effet tous droits Seigneuriaux sont réels, comme il résulte de l'art. 24 de la Coutume de Paris. Par Arrêt du 4 Juin 1703. rendu sur les conclusions de M. Joly de Fleury, il a été jugé que le Committimus n'a lieu en saisie féodale, Augeard, tome 1. ch. 41.

Cependant aux Requêtes de l'Hôtel & du Palais, & au Parquet du Parlement, l'on juge que le Committimus a lieu, lorsqu'il s'agit de prestation, ou quotité de droits Seigneuriaux; non lorsque le droit est contesté au fond, *v.* Juges, n. 5.

Il semble que les Arrêts du Conseil n'admettent pas cette distinction, & jugent indistinctement que le Committimus n'a lieu pour droits Seigneuriaux, soit féodaux ou de directe. Ainsi jugé par Arrêt du 7 Juillet 1671, entre le Chevalier de Soissons & le sieur de Milly, sur une saisie féodale. Autre du 13 Septembre 1734, entre le Seigneur de la Toison de Bussy & le sieur Fardel, au sujet d'une commise. Autre du 30 Mars 1738, entre M. de la Marche, Président à Mortier au Parlement de Dijon, & le sieur Auger de Corvon, sur une demande en exhibition de titres, en conséquence d'une directe. Enfin, pareil Arrêt du 25 Avril 1746, au rapport de M. de Pleure, Maître des Requêtes, entre Messieurs les Ducs de Luynes & de Chevreuse, sur leur demande à cause du Comté de Noyers, situé au Duché de Bourgogne, contre differens Vassaux, à ce que leurs Fiefs fussent déclarés de profit & non de danger. Mais dans l'espece de ce dernier Arrêt le Procureur Fiscal de Noyers avoit blâmé les actes de foi & hommage, les Vassaux avoient dénié que leurs Fiefs fussent de profit, & le Juge de Noyers avoit donné acte aux Parties de leurs dires, réquisitions & protestations. Aussi les Vassaux opposoient pour moyen que la cause n'étoit pas entiere, & qu'elle avoit été contestée. Tous les susdits Arrêts du Conseil ont été produits en forme dans l'Instance sur ce dernier Arrêt du 25 Avril 1746.

8. N'a lieu ès Causes & Procès concernant le Domaine du Roi, & ceux où ses Procureurs sont seuls Parties, art. 25. ni aux affaires attribuées à des Juges extraordinaires, art. 26.

9. Tuteurs & Curateurs honoraires ou oneraires ne peuvent se servir de leur Committimus dans les affaires de leurs mineurs, art. 27.

10. Enfin, on ne peut user de Committimus contre ceux des Universités qui tiennent Pensionnaires, art. 28.

COMMODAT.

V. Prêt, sect. 2.

COMMUNAUTE'.

Page 100. col. 2. nomb. 11. au-dessous de la ligne 8. *Mettez l'adition suivante :*

Mais s'il est dit expressément que le mari n'en aura aucun fruit, & que la femme touchera sur ses seules quittances, cela doit être exécuté, *arg. leg. 65. de jur. dot.* le Br. de la Comm. liv. 2. chap. 2. sect. 4. n. 9. en ce cas la femme doit se faire autoriser en Justice pour accepter la donation, ou former demande en délivrance du legs au refus de son mari de l'autoriser à cet effet, & de toucher sur ses propres quittances, lequel refus elle doit d'abord constater par une sommation.

Ibid. page 102. col. 1. sect. 2. après le nomb. 1. *ajoutez aussi ce qui suit :*

Suivant Angoum. 100. Poitou, 228. Mel. 214. Mari peut même sans le consentement de sa femme, intenter les actions réelles & pétitoires qui la concernent ; mais Bouch. sur Poitou, 228. Vigier sur Ang. 100. & Maichin sur S. Jean d'Angely, disent que cela n'est point observé dans l'usage, parce que nul ne peut intenter d'action pour immeubles, sinon celui qui a la puissance d'aliéner : *Absurdum est ei cui alienatio interdicitur, permitti actiones exercere, l. 7. §. 2. de jur. deliber.*

Ibid. part. 2. sect. 10. pag. 107. col. 2. avant le 4e. *à-lineâ*, commençant par ces mots : Le survivant, &c. *ajoutez ce qui suit :*

Il en doit être de même si les pere & mere ont stipulé la même clause en mariant tous leurs enfans, mais stipulé à l'égard de l'un desdits enfans qu'après le décès de l'un des pere & mere, cet enfant pourra demander compte & partage, en imputant tout ce qu'il a reçu sur la succession du prédécedé, & le cas avenant qu'il demande partage, les autres enfans peuvent le demander, en n'imputant sur la succession du prédécedé que la moitié de ce qui leur a été donné en mariage.

Ibid. page 112. col. 2. au-dessous du nomb. 5. *mettez l'addition suivante :*

De même s'il y a eu des omissions dans l'inventaire, quoique d'ailleurs il soit revêtu des formalités requises, que même ces omissions soient involontaires ; parce qu'il faut que l'inventaire soit bon & loyal, suivant le susdit Arrêt de Reglement du 4 Mars 1727, par conséquent exact & fidel ; & que si le défaut de quelque formalité requise par la Coutume pour la confection de l'inventaire, empêche la dissolution de la communauté, à plus forte raison les omissions, quelles qu'elles soient, doivent-elles l'empêcher, puisque ces formalités n'ont été établies que pour éviter les omissions & l'inexactitude. Ainsi jugé par Arrêt du Lundy 4 Septembre 1747, sur les conclusions de M. le Bret, Avocat Géneral, plaidant Me. Simon de Mozar pour le Comte d'Harcourt & la Dame son épouse, contre la Dame de Montlivaux, veuve du sieur Thibert, Receveur des Consignations.

Par un autre Arrêt de 1725, la continuation de communauté a aussi été ordonnée, sur ce qu'on avoit laissé en blanc le nombre des marcs de la vaisselle d'argent.

COMMUNAUTE'S.

Page 115. col. 1. à la fin du nomb. 1. *ajoutez ce qui suit:*

Omne Collegium est improbatum, nisi appareat specialiter approbatum, leg. 1. quod cujuscumq. universit. nom. vel contrà agatur.

Ibid. en fin de la col. 2. *ajoutez les nomb. suivans.*

7. Les Communautés mixtes jouissent des privileges des Ecclesiastiques.

8. *Quod universitati debetur, singulis non debetur, nec quod debet universitas, singuli non debent, l. 7. §. 1. quod cujusc. univers.*

9. Il faut trois personnes pour établir une Université, *l. 85. de verb. signif.* mais s'il n'en reste qu'un seul, il retient le nom d'Université, *l. 7. §. 2. quod cujusc. univers.*

10. Tout College ou Communauté peut s'obliger pour prêt, si l'argent a tourné à son profit; autrement il n'y a d'obligés que ceux-là seuls qui ont contracté, non la Communauté, *l. 27. de reb. cred.*

COMPENSATION.

Page 117. col. 1. nomb. 7. à la fin du premier *à-linea*, après M. 2. *ajoutez ce qui suit :*

V. Fachin, *lib. 5. cap.* 34 & 35. qui combat cette distinction, & établit avec Cujas, que quand le pere, après avoir doté sa fille, lui fait un legs, sans faire mention qu'il le fait *nomine dotis*, l'un & l'autre sont dûs. Ce qui s'accorde parfaitement avec la Loi 85. *de legat.* 2. la Loi 16. *cod. de legat.* & la Loi 6. *cod. de hæredib. instituend.*

Ibid. au-dessous de ce même nombre 7. *ajoutez le nombre suivant :*

8. Celui qui oppose la compensation n'est censé convenir de la dette que par exception, Fachin, *lib. 11. cap. 7.*

COMPETENCE.

Page 117. col. 2. en fin de ce mot, *ajoutez ce qui suit :*

L'on doit comparoître à toute assignation, même devant Juge incompetent, pour ne pas paroître mépriser son autorité, *l. 5. de judic.*

Ce n'est pas approuver la Jurisdiction que de demander communication de l'exploit de demande, *l. 33. cod. de judiciis.*

COMPLAINTE.

Page 118. col. 1. *in fin.* au lieu de, Cuj. *obs. lib. 9. cap. 32. Mettez*, Cuj. *observ. lib. 9. cap.* 33. Fachin. *lib. 8. cap.* 18.

Ibid. col. 2. à la fin du nomb. 8. *ajoutez :*

Comment on acquiert la quasi-possession des choses incorporelles, *v.* Fachin, *lib. 8. cap. 20.*

COMPROMIS.

Page 119. nomb. 1. *in fin. ajoutez :*

De même différends qui naissent entre Associés doivent être jugés par Arbitres, Ordonn. de 1673. tit. 4. art. 9. & suiv.

Ibid. col. 2. à la fin du nomb. 3. *ajoutez ce qui suit :*

Si l'un des trois refuse d'assister à l'examen du Procès, il faut constater son refus par une sommation, & qu'ensuite les Parties conviennent d'un autre, faute de quoi le compromis tombe; car il n'y a aucune Loi qui autorise, en ce cas, l'une des Parties de faire nommer d'office par le Juge un autre Arbitre, & nous ne suivons point en France Bonif. VIII. *in cap. ult. de arbitr. in 6°.* qui dit que les deux autres jugeront.

S'il n'y a que deux Arbitres, & qu'ils soient partagés, en ce cas, les Parties ou les deux Arbitres, sans leur participation, peuvent choisir un tiers pour les départager, ou le Juge peut les y contraindre, *leg. 17. §. 6. in fin. de recept. qu. arbitr. receper.* Au reste, nous ne suivons pas le §. 5. *eod.* qui veut qu'en cas de partage, il ne soit pas permis aux deux Arbitres d'en élire un tiers, s'il n'est nommé dans le compromis; car s'ils n'en peuvent pas convenir, l'usage est de le tirer au sort d'entre trois ou quatre dont on sera convenu, *v.* Morn. sur lesdits §. 5 & 6.

Page 120. col. 1. nomb. 11. lig. 3. après C. 4. *ajoutez :* Mineur est restitué contre le compromis, *leg. 34. §. 1. de minor.*

Ibid. nomb. 16. *in fine, ajoutez : v. leg. 27. §. 7. de recept. qu. arbit. receper.*

Ibid. après le nomb. 17. *mettez les additions suivantes :*

Mais si la Sentence arbitrale a été rendue entre des Parties de différens Parlemens, l'appel en doit être porté au Parlement dans le reſſort du Juge devant lequel l'action auroit été intentée, c'eſt-à-dire, dans le reſſort du domicile de celui qui auroit été Défendeur, *Fachin. lib.* 8. *cap.* 94.

18. Sentences arbitrales ont la même force & vertu que celles des Juges Royaux, ſuivant ladite Ordon. d'Août 1560. contre Morn. *ad leg.* 1. *ff. de recept. qui arbitr. receper.* qui dit qu'il faut qu'elles ſoient homologuées par le Juge Royal avant qu'elles puiſſent avoir leur exécution; cependant *v.* M. Bignon, Avocat Gén. dans l'Arrêt 4 Janvier 1630. Bardet, tom. 1. liv. 3. ch. 80. Au reſte, ſuivant ledit Arrêt, les Juges doivent homologuer, ſans entrer en connoiſſance de Cauſe.

19. Suivant la Loi 41. *eod.* perſonne ne peut élire pour Arbitre un mineur de vingt ans, ſur laquelle Loi Mornac dit qu'on n'a point vû de Sentence arbitrale infirmée ſur ce ſeul motif: mais que Jacques Chouart tient que les arbitrages ſont à l'inſtar des Jugemens, & que les Juges doivent avoir vingt-cinq ans, s'ils n'ont obtenu diſpenſe du Prince. La Loi 57. *de re judicata*, eſt conforme à ladite Loi 41. & excepte ſi les Parties ſçavoient l'âge de l'Arbitre. De même que le ch. 4. *extr. de offic. & poteſt. jud. deleg.*

20. Compromis finit par le décès d'un des Comprometttans, avant la Sentence, Arrêt 19 Janvier 1638. Bardet, tome 2. liv. 7. ch. 6. à moins qu'il ne ſoit dit que ſes heritiers y ſeront aſſujettis, *cap. ult. extr. de arbitr.*

21. Femmes, de quelque qualité qu'elles ſoient, ne doivent être Arbitres, *l. ult. cod. de recept. arbitr.* Ar. 29 Août 1602. le Pr. cent. 3. chap. 40. n. 14. *v.* Morn. *ad l.* 41. *ff. de recept. qui arbitr. & ad l. ult. eod. v. Can.* 7. *cauſ.* 2. *qu.* 4. *& cap.* 4. *extr. de arbitr.*

22. *Semel commiſſâ pœnâ ſolvitur compromiſſum, l.* 34. §. 1. *de recept. l.* 32. §. 1. *eod.*

CONDITION.

Page 127. col. 2. ſect. 8. ligne 1. *in fin. ajoutez: v.* l'art. 25. du titr. 1 de l'Ordon. de 1747.

Ibid. page 128. à la ſuite du nomb. 4. *ajoutez les nombres ſuivans :*

5. Du legs ou ſubſtitution ſous deux conditions alternatives ou conjonctives, *v.* Catellan, liv. 2. ch. 19.

6. La condition *ſi nupſerit*, ſe vérifie par la profeſſion en Religion : Ainſi, le legs eſt dû. Mais ſi le Teſtateur legue à Titia mille livres ſi elle ſe marie, & 200 liv. ſi elle entre en Religion, au dernier cas, elle n'aura que 200 liv. *Fachin. lib.* 5. *cap.* 54.

CONFESSION.

Page 128. ſur ce mot, *in princip. ajoutez ce renvoi : v.* Avantage, ſect. 2. n. 4.

Ibid. col. 2. en fin du nomb. 3. *ajoutez : v.* Furgole, des Teſtamens, tome 4. ch. 11. nomb. 48.

CONFISCATION.

Page 131. col. 1. après le nombre 20. *ajoutez ce qui ſuit :*

21. En cas de prévention fait en vertu de l'Ordon. de 1670. tit. 7. 8 & 9. ou en vertu de la Coutume qui l'établit, la confiſcation doit appartenir au Seigneur du Juge qui a prévenu. Déliberé avec Mes. Viſinier & Sarraſin, Avocats, le Vendredy 15 Mars 1748. parce que celui qui fait les frais doit avoir le profit.

CONSIGNATION.

Page. 132. col. 2. en tête du nomb. 1. *inſerez ce qui ſuit :*

Les offres ſeules ne ſuffiſent pas pour faire ceſſer les interêts; mais il faut qu'elles ſoient ſuivies de conſignation, *leg.* 19. *cod. de uſur. non ſufficit obtuliſſe, niſi & depoſuit obſignatam tuto in loco, leg.* 28. §. 1. *in fin. de admin. & per. tut.*

CONTRAT.

Page 133. en tête de ce mot, *après, v.* convention, *ajoutez ces autres renvois : v.* Notaire, *v.* Simulation.

Page 135. col. 1. après le nomb. 22.

ajoutez ce qui suit :

23. Condamné à mort civile peut contracter ; mais ne peut intenter d'action en Justice, parce que presque tous les contrats sont du Droit des Gens ; & que les actions ont été introduites par le Droit Civil, *leg.* 2. §. 6. *de orig. jur. Acc. ad leg.* 2. *in fin. de fidcicomm. hered. petit.*

CREANCIER.

Page 144. col. 1. après le nombre 13. *ajoutez le nomb.* 14. *suiv.*

14. Le créancier est censé être en demeure de recevoir, si par quelqu'évenement que ce soit, il ne vient pas au jour marqué dans le lieu où le payement doit être fait, *leg.* 18. *de pecun. constit. v.* Retardement.

CRIME.

Page 145. col. 1. *ajoutez ce nomb.* 6.

6. L'aveu d'avoir commis un crime ne suffit, il faut absolument qu'il conste du corps de délit, *l.* 23. §. 11. *in fin. ad leg. Aquil.* Ainsi, un Accusé doit être reçu en tout état de Cause à prouver qu'il n'y a point de corps de délit ; car ce n'est pas un fait purement justificatif, mais une défense péremptoire.

Ibid. après CRUE, & avant CUMUL, *ajoutez ce qui suit :*

CUEILLERET.

V. Papier censier.

D

DEBITEUR.

PAGE 146. en fin de ce mot, *ajoutez les deux nomb. suivans :*

8. Ne peut renoncer au préjudice de ses créanciers, à la prescription acquise, Desp. tom. 1. part. 1. tit. 5. sect. 3. n. 9. *v.* Créancier, n. 8.

9. Décharge de l'un des débiteurs solidaires ne sert aux autres, s'ils ne sont associés, ou s'il n'a interêt que tous soient liberés, *l.* 34. *de arbit. l.* 3. §. 3. *de liber. legat. l.* 21. *in fin. de pact. l.* 25. *eod.*

DECRET.

Page 148. col. 1. nomb. 10. ligne 1. après ces mots : Quant au douaire, *ajoutez ce qui suit :*

Dans les Coutumes où il est propre aux enfans, soit coutumier ou préfix, il n'est point purgé par le Décret avant qu'il soit ouvert, Mol. sur Perche, 109. s'entend du vivant du pere, *v.* l'art. 55. du titre 1 de l'Ordon. d'Août 1747. concernant les substitutions.

Ibid. n. 10. lig. 13. après ch. 10. n. 1 & suiv. *ajoutez ces mots :* Il est même nul, parce qu'il est fait *super non Domino.* Dupless. sur Paris, 249. *v.* Louet, D. 20.

Ibid. ligne 20. après n. 5 & 6. *effacez ce qui suit jusqu'à* l'à-lineâ *commençant par ces mots :* Et les créanciers, &c. *& à la place substituez la correction suivante :*

Par rapport au douaire préfix, il n'est pas non-plus purgé par le Décret ; mais soit qu'il y ait des créanciers antérieurs ou posterieurs à tel douaire, le Décret subsiste & n'est pas nul, car le droit de la veuve & des enfans douairiers se réduit à une simple hipoteque ; mais ils sont en droit d'agir en déclaration d'hipoteque nonobstant le Décret, ou de demander le rapport aux créanciers posterieurs, avec les interêts du jour du décès du pere, *v.* Ren. *eod.* n. 7. 8 & 9. *v.* Arrêt 16 Février 1621. Auz. livre 3. chap. 34.

Il y en a qui pensent que si le Décret de l'heritage sujet au douaire se fait non sur le pere, mais sur le tiers détempteur qui a acquis du pere, il purge l'hipoteque du douaire de la femme qui ne s'est point opposée au Décret des biens de son mari, mais le Br. des succ. liv. 2. ch. 5. sect. 1. dist. 1. n. 33. établit le contraire.

DEGUERPISSEMENT.

Page 150. sect. 1. n. 2. ligne 1. *après ces mots*, peut déguerpir, *ajoutez :* En payant les arrerages du passé & le terme suivant, &

en laissant l'heritage au même état & valeur qu'il étoit au tems qu'il l'a pris à rente, *v. infr.* sect. 2. n. 4.

Ibid. page 152. sect. 3. n. 2. lign. 1. après ces mots, *per remotionem causæ, ajoutez*: c'est-à-dire, pour se décharger de la rente, & ne pouvant se faire *post perfectum contractum ratione pœnitentiæ*.

Ibid. page 153. à la fin de la section 2. *ajoutez ce nomb.* 4.

4. Le délaissement par hipoteque fait revivre les hipoteques des créanciers négligens qui avoient laissé prescrire le tiers-détenteur; parce que dès le moment qu'il quitte l'heritage, il n'y a plus personne qui puisse opposer la prescription aux créanciers qui n'avoient pas agi en déclaration d'hipoteque dans le tems porté par les Coutumes, Argou, liv. 4. ch. 16.

DELIT.

Page 154. nomb. 1. *in fin. ajoutez*: ou s'il l'a sçû, *leg.* 2. *de noxalib. act.* & il est censé sçavoir, *cum prohibere potuisset & non prohibuit*, *leg.* 3. *eod.*

DEMANDEUR.

Page 154. col. 2. nomb. 1. lig. 9. après *ad Trebellian. ajoutez ce qui suit*:

Secùs si le Demandeur a une sémi-preuve qui ne soit point affoiblie ni obscurcie par le Défendeur, le serment lui doit être déferé, Fachin, *lib.* 1. *cap.* 18. *Secùs*, aussi entre Marchands, l'usage étant aux Consuls de déferer le serment au Demandeur faute de preuve, s'il est en bonne réputation.

DEPENS.

Page 158. col. 1. ligne 2. *in fin. ajoutez*: *v.* Desp. tom. 2. de l'ord. Jud. ès Causes civil. tit. 11. sect. 3. n. 21.

Ibid. après le nomb. 7. *ajoutez ce nomb.* 8:

8. L'un des co-heritiers qui seul a entrepris un Procès concernant l'hérédité, & l'a gagné, peut répeter de ses co-heritiers ce qu'il a de plus dépensé, chacun au *prorata*. *Secùs*, s'il l'a perdu, *leg.* 39. *fam. ercisc.*

DETTES.

Page 165. col. 1. lig. 29. après ces mots, qu'on y renonce, *mettez l'addition suivante:*

Ainsi, en cas d'acceptation par la femme de la communauté, & que le mari prédécedé ait laissé différentes sortes d'heritiers, la regle & l'usage est de faire le partage de la communauté par confusion, c'est-à-dire, de partager l'actif de la communauté, & de charger tous les heritiers du mari de payer *pro modo emolumenti*, la moitié des reprises, remplois & récompenses de la femme, l'autre moitié demeurant confuse en sa personne, Ren. de la comm. part. 2. ch. 3. n. 19. & n. 45. & suiv.

Ibid. page 170. col. 1. au second *à-lineâ* du nomb. 12. ligne 6. après ces mots, les créanciers, *ajoutez ce qui suit:*

Enfin par Ar. du Samedy 15 Avril 1747. en la quatriéme Chambre des Enquêtes au rapport de M. de Chaleranges, la question a été jugée *in terminis* pour la succession de M. de Coaslin, Evêque de Metz, qui laissoit des biens en Bretagne, que la Coutume du domicile du défunt regle son mobilier actif & passif; qu'ainsi les heritiers mobiliers de M. Coaslin décedé domicilié à Metz où l'heritier mobilier est tenu des dettes mobiliaires, étoit obligé de payer toutes les dettes mobiliaires.

DISCUSSION.

Page 174. col. 1. ligne 3. après ces mots c'est une exception, *ajoutez:* Fachin, *lib.* 8. *cap.* 52.

Ibid. nomb. 10. *in fin. ajoutez*, *v.* Fachin, *lib.* 8. *cap.* 56.

Ibid. col. 2. tout à la fin du nombre 14, *mettez ce qui suit:*

15. La discussion peut être opposée contre le fils qui a pris les biens confisqués sur le débiteur principal, Fachin, *lib.* 8. *cap.* 55.

DISPOSITIONS *conditionnelles.*

Page 175. section 1. *in princip. mettez ce renvoi*; *v.* Condition.

Ibid. sect. 2. nomb. 2. ligne 1. le tems certain, *lisez :* le tems ou jour certain.

Page 185. avant le mot DIXIE'ME, *ajoutez ce qui suit :*

DISTINCTION.

L'axiome *ubi lex non distinguit, nec nos distinguere debemus*, s'entend lorsque la Loi parle généralement, & qu'il n'y a pas de Loi particuliere qui parle de la même matiere, *v.* Acc. *ad leg.* 8. *de publ. in rem act.*

DIXIE'ME.

Page 185. ligne 11. *ajoutez ce qui suit :*

Et a fini le dernier Décembre 1749.

Les deux sols pour livre du dixiéme ont commencé le premier Janvier 1747.

Et le vingtiéme a cours depuis le premier Janvier 1750.

DIXMES.

Page 186. col. 1. entre les lignes pénultiéme & derniere, *inserez l'addition suivante :*

Ce qui doit s'entendre, s'il n'y a que possession par un ou plusieurs Particuliers, & si la possession de tout le corps des Habitans n'est pas uniforme ; car si la possession immémoriale de tous les Habitans est uniforme de ne payer qu'une certaine redevance, elle doit faire Loi, pourvu qu'elle soit jointe à des titres du moins indicatifs, comme transactions, ou quittances anciennes, qui fassent présumer un titre plus ancien & légitime ; Morn. *ad dict. leg.* 8. *cod. de usur.* cite un Arrêt de la Premiere des Enquêtes du 18 Février 1617. & observe que M. le Rapporteur lui dit qu'on avoit expressément ajouté à l'Arrêt, que cela avoit été ainsi prononcé suivant la transaction ou composition qui avoit été autrefois faite, afin qu'il parût clairement que la Cour auroit jugé autrement, si on avoit seulement opposé la possession immémoriale.

Ibid. page 191. ligne 45. après ch. 9. n. 11. *ajoutez :* Pareil Arrêt du 17 Avril 1715. Mém. du Clergé, tom. 3. col. 1625.

DOL.

Page 192. après, *v.* Restitution, *ajoutez ce qui suit : v.* Impéritie, *v.* Faute.

1. *Dolus præteritus remitti potest, non futurus, l.* 27. §. 4. *de pact. Fachin. lib.* 1. *cap.* 51.

2. Chargé de faire, qui commet un autre, & qui n'est tenu que de son dol, comme un Arpenteur & autres, *v.* Impéritie, est garant de son dol, *l.* 2. *si mens. fals. mod. dixer. Quia dolo malo versatus es, tali homini credidisti, dict. leg.* 2. ou de son impéritie ou négligence, lorsque le Commettant en seroit tenu lui-même ; car il est coupable de son mauvais choix, *l.* 21. §. *ult. de neg. gest. l.* 23. *pro soc. l.* 11. *commod.*

3. Action de dol est solidaire, *l.* 3. *si mens. fals. mod. dixer.*

Page 193. nombre 2. ligne 20. 447. *lisez* 449.

DOMMAGE.

Page 195. sect. 2. nomb. 1. *in fin. ajoutez ce qui suit :*

Parce que c'est à celui qui a des animaux feroces ou dangereux à les contenir.

Ce qui doit avoir lieu lorsque l'animal de l'un qui a été l'aggresseur, a tué celui de l'autre, *ut in dict. leg.* 1. §. 1. Si l'on ignore quel a été l'aggresseur, l'action cesse, *arg. leg.* 45. §. 3. *ad leg. Aquil.*

Ibid. page 196. à la place du nombre 8. *substituez ce qui suit :*

8. S'il est jetté sur un Passant, de l'eau ou quelque ordure d'une maison habitée séparément par plusieurs personnes, ce sont ceux seuls qui habitent l'appartement d'où on a jetté, qui sont tenus du dommage, *l.* 1. §. *ult. de his qu. effuder. vel dejecer.* Si l'on a vû celui qui a jetté, il en est seul tenu, *arg. l.* 5. *eod.* Si on l'ignore, tous en sont tenus solidairement ; & l'un payant le dommage, tous les autres sont liberés, *l.* 1. §. *ult. l.* 2. *l.* 3. *de his qu. effuder. vel dejecer.* Cependant celui qui paye le tout a action contre les autres pour leurs portions, *l.* 4. *eod.* Mais les Hôtes qui ne sont qu'en passant dans la

maison, n'en sont point tenus, *dict. l.* 1. §. 9. s'entend s'il n'est prouvé que ce sont eux qui ont causé le dommage ; mais celui qui les loge en est garant ; de même que le Maître de ses Domestiques, *dict.* §. 9. *v. l.* 5. §. 1.

Ce que dessus a lieu tant à l'égard des Villes que des Villages, même des chemins où l'on passe communément, *l.* 6. *eod.* & quand même l'eau ou les ordures seroient jettées de nuit, dans des lieux où l'on passe communément de nuit, *dict. l.* 6. §. 1.

9. *Causæ corpori cohærentes æstimantur, si quis ex pari mularum unum vel unam occiderit, l.* 22. *ad leg. Aquil.*

DONATION.

Page 211. col. 1. ligne 2. *in fin. ajoutez :* *Nota.* Cet Arrêt ne se trouve pas à la Tour sous cette datte.

Ibid. page 212. part. 2. *après v.* Communauté, part. 2. sect. 1. n. 8. & suiv. *ajoutez ce qui suit :*

Nemo plus juris in alium transferre potest, quàm ipse haberet, leg. 54. *de div. reg. jur.*

Donari non potest, nisi quod ejus sit, cui donatur, l. 9. §. 3. *de donat. v. l.* 20. *de acq. rer. dom.*

Res aliena citrà Domini consensum donari non potest, l. 14. *cod. de donat. l.* 30. *cod. de pact.*

Donatio non dicitur, nisi cum transfertur Dominium actu vel habitu, Godefr. *in dict.* §. 3.

Ibid. page 213. col. 2. nomb. 12. lign. 5 & 6. *après*, n'est suffisante, *ajoutez ce qui suit :*

V. Amiens, 53. 54. 57. Anjou, 345 & 419. Boullen. 22. Chaumont, 76. Chauny, 54 & 90. Clerm. 127. Laon, 53 & 54. la Marche, 305. Maine, 357 & 444. Montarg. chap. 11. art. 7. Ponthieu, 22, 23. 24 & 25. Sedan, 209. S. Pol, 38. Senlis, 211. 212. Valois, 130. Vitry, 111.

Ibid. page 219. col. 2. nomb. 8. *in fin. ajoutez ce qui suit :*

V. Arrêt du 8 Juillet 1739. aux Arrêts & Regl. notab. imprimés en 1743. ch. 60.

Mari domicilié à Paris, où les Conjoints ne peuvent s'avantager, ayant legué à sa femme 30000 liv. & tous ses meubles meublans du Château de Mezieres situé dans la Coutume de Dreux où il est permis de s'avantager entre Conjoints, le legs a été déclaré nul, par Arrêt du 7 Avril 1740. sur les conclusions de M. Joly de Fleury, Av. General, plaidans Mes. Cochin & Gueau de Reverseaux. *Secus*, si le mari avoit legué à sa femme un fond situé en Pays de Droit écrit ou Coutumier, où il est permis de s'avantager entre Conjoints ; parce qu'au premier cas, c'est un legs mobilier qui doit se regler par la Loi du domicile du Donateur, & qu'au second cas, c'est un legs d'immeuble qui se doit regler par la Loi de la situation de l'immeuble.

M. l'Avocat General dit, que quand même il y auroit eu dans le testament, à prendre les 30000 liv. sur la Terre de Mezieres, cela feroit encore de la difficulté ; parce que ce seroit toujours un legs d'une somme mobiliaire, qui se doit regler par le domicile du Testateur, Arrêts notables, chap. 72.

DOT.

Page 224. colonn. 2. section 5. *in fin. ajoutez :*

Il en est de même au Parlement de Toulouse ; au Parlement de Bourdeaux, ce n'est qu'après trente ans, *v. infr.* sect. 6.

Ibid. page 225. part. 3. sect. 1. avant le nomb. 1. *ajoutez ce renvoi, v.* Viduité.

Ibid. page 226. sect. 2. n. 1. lign. 11. *in fin. ajoutez : v. leg.* 69. §. 7. *eod.*

Ibid. page 228. sect. 4. nomb. 3. *in fin. ajoutez :*

De même de l'argent & des bestiaux, *quia in hoc dantur ut eas maritus ad arbitrium suum distrahat*, *dict. leg.* 42.

Ibid. nomb. 4. *in fin. ajoutez :*

Ou si le débiteur a promis la dot sous condition, & qu'alors il fût insolvable, *leg.* 41. §. 5. *vers. quod si. eod.*

Ibid. page 229. col. 2. n. 4. lig. 3. après *l.* 5. *ajoutez :* §. 2.

Ibid.

Ibid. nomb. 4. *in fin. ajoutez ce qui suit* :

Parce que la donation des impenſes entre mari & femme eſt prohibée, & que les donations entre mari & femme ne ſont confirmées que par la mort du Donateur, *v.* Donation, part. 2. ſect. 4. n. 3.

Ibid. nomb. 5. ligne 2. après *in res dot. ajoutez* : La donation en étant également défendue entre maris & femmes ſous certaines exceptions, Godef. *ad dict.* §. *un.*

Ibid. nomb. 8. ligne 4. *in fin. ajoutez* :

Les impenſes qui concernent la jouiſſance de la dot, ſe compenſent avec la jouiſſance; celles qui concernent l'utilité perpétuelle du fond, ſont cenſées néceſſaires, *leg.* 3. §. 1. *eod.*

Ibid. page 231. col. 1. n. 2. *in fin. ajoutez* :

J. Pal. à la ſuite d'un Arrêt du 24 May 1672.

Ibid. col. 2. au-deſſous de la ligne 2ᵉ. *mettez l'addition ſuivante* :

Arrêt du Mardy 11 Juillet 1747. à l'Audience en la 4ᵉ. Chambre des Enq. ſur les concluſions de M. Joly de Fleury, Avocat Géneral, déclare nulle la conſtitution de 500 liv. de penſion viagere faite par défunt M. Denyau Avocat, à l'Abbaye de S. Victor, pendant la vie de Frere Denyau ſon fils, acceptée par le Chambrier avant la Profeſſion dudit Frere Denyau, avec dépens; met ſur le ſurplus hors de Cour. M. l'Avocat Géneral avoit conclu à la reſtitution des 500 liv. au profit de l'Hôtel-Dieu & de l'Hôpital géneral, que défunt Mᵉ. Denyau avoit mis en note par écrit trouvé après ſon décès, avoir payé pour l'ingreſſion; & ſur le fondement d'une lettre écrite par le fils à ſon pere avant ſa profeſſion, de faire le préſent dont on étoit convenu; où la preuve ne ſeroit pas trouvée ſuffiſante, les Chanoines de Saint Victor tenus de porter leurs regiſtres au Greffe de la Cour, pour par M. le Procureur Géneral en prendre communication, & ſur ſon réquiſitoire être ordonné ce qu'il appartiendroit. Pareille reſtitution des arrerages de ladite penſion de 500 liv. payés depuis 1731 juſqu'en 1746. Cela étoit un peu fort. Plaidans Mᵉ. Gillet pour S. Victor; Mᵉ. Rigault pour les créanciers unis de feu Mᵉ. Denyau.

Le motif de la nullité de la conſtitution de penſion viagere, fondé ſur ce qu'elle paroiſſoit faite à la Maiſon, & non à Frere Denyau, nonobſtant la notorieté.

DOUAIRE.

Page 235. en tête de la ſection 3. après ch. 4. *ajoutez ce renvoi : v. infr.* ſect. 5. n. 3.

Ibid. page 237. col. 1. n. 8. *in fin. effacez* : *v.* Dettes, ſect. 2. n. 15. *& ſubſtituez-y ceci.*

Secùs ſi le don eſt fait par contrat de mariage, *v.* Dettes, ſect. 2. n. 15. & ſect. 3. diſt. 2. n. 15.

Ibid. page 239. col. 2. ligne derniere, avant le mot *Secùs*, *mettez l'addition ſuivante* :

Même le douaire conventionnel en uſufruit d'immeubles *per modum quotæ*, Sentence de la ſeconde Chambre des Requêtes du Palais du Jeudy 16 Mars 1747, en faveur de l'enfant du premier lit du ſieur de Freſne, Tréſorier de France, plaidans Mᵉˢ. du Vaudier & Simon, confirmée par Arrêt du Vendredy 12 Janvier 1748. ſur les concluſions de M. Joly de Fleury, plaidans Mᵉˢ. du Vaudier & d'Outremont. *Nota*, il y avoit ſéparation de biens par le contrat de mariage, & ſtipulation que chacun payeroit ſes dettes contractées avant icelui.

DOUBLE LIEN.

Page 242. ſect. 1. *in fin. mettez l'addition qui ſuit* :

N'a lieu en ſubſtitution pupillaire, lorſque les enfans de différens lits ont été inſtitués conjointement, ni en la fideicommiſſaire, lorſque la ſubſtitution eſt faite entre les enfans, tant du premier que du ſecond lit, en cas que l'un d'eux meure ſans enfans, *Fachin. lib.* 4. *cap.* 86. & 87.

DOUTE.

Page 243. ligne 1. après *v.* Legs, *ajoutez* : part. 2. ſect. 2.

E.

EGLISE.

PAGE 256. au-dessous du n. 2. *ajoutez ce qui suit :*

3. Le Prélat qui a emprunté avec le Chapitre, est tenu de payer, quoiqu'il ne soit pas prouvé que les deniers ont tourné au profit de l'Eglise, *cap. pen. verb. de fidejuss.* *Fachin. lib.* 2. *cap.* 77.

Au reste le besoin au tems de l'emprunt ne prouve pas que les deniers ayent tourné au profit de l'Eglise; *Fachin. lib.* 2. *cap.* 76.

Mais le successeur au Bénéfice n'est pas tenu de l'emprunt fait par son prédécesseur, s'il n'est prouvé que les deniers ont tourné au profit de l'Eglise, *cap.* 1. *extr. de solut.*

EMPHITEOSE.

Page 257. col. 2. n. 4. ligne 1. a lieu faute de payer, *lisez*, a lieu de plein droit & sans qu'il soit besoin de Sentence, faute de payer, &c.

Ibid. ligne 6. *in fin. ajoutez*, Fachin, *lib.* 1. *cap.* 92. & 98.

Au même nombre 4. tout à la fin, *ajoutez*: *v.* Commise, n. 5.

Ibid. page 258. col. 1. ligne 13. *in fin. ajoutez*: contre Fachin, *lib.* 1. *cap.* 92.

Ibid. n. 8. *in fin. ajoutez ce qui suit*:

V. Fachin, *lib.* 1. *cap.* 89. *Secùs* si à cause de la guerre, il n'a pû recueillir les fruits, Fachin, *lib.* 1. *cap.* 90.

9. La tacite reconduction n'a point lieu en emphiteose, *quia emphiteusis requirit scripturam, leg.* 1. *cod. de jur. emphit. Fachin. lib.* 1. *cap.* 84.

ENFANT.

Page 260. col. 1. nomb. 2. *in fin. ajoutez*:

Mais quant au mot, Fils, *v.* Ricard, des Substitutions, part. 1. n. 506 & suiv, *v.* aussi n. 584.

ERREUR.

Page 263. col. 1. nomb. 2. lig. 9. après *vel* 40. *ann. ajoutez* : défin. 11. aux not.

Et après ce même nomb. 2. *in fin. ajoutez ce nombre* 3.

3. *Error juris non inducit malam fidem, leg.* 25. §. 6. *de hered. petit. v.* Ignorance.

ESTIMATION.

En tête de ce mot page 263. *ajoutez ce renvoi* :

V. Dommage, sect. 2. n. 9.

ETAT.

Page 264. nomb. 2. *in fin. ajoutez* : *v.* Fachin, *lib.* 1. *cap.* 73.

EVICTION.

Page 270. col. 2. ligne 5. après tit. 1. n. 12. *ajoutez* : Graverol sur la Roche, *lib.* 6. *art.* 2.

Ibid. page 271. col. 1. au-dessous du nombre 27. *ajoutez ce qui suit* :

L'action en éviction ou revendication n'a pas lieu contre celui qui dénie de posseder la chose. Mais s'il est convaincu de mensonge, le Juge en doit adjuger la possession au Demandeur, quoiqu'il ne prouve pas qu'elle lui appartient, *l.* 80. *de rei vind.*

EXCLUSION.

Page 272. col. 2. nomb. 10. *in fin. mettez l'addition suivante* :

V. Mol. *cons.* 53. *n.* 14. & *cons.* 55. *n.* 5. *v.* d'Argentré, *art.* 218. *gl.* 6. *n.* 26 & *seq.* *v.* Coq. qu. 131. qui tiennent que l'exclusion est un statut réel. Ainsi fille mariée à Paris & dotée sans renonciation, est excluse de succeder aux biens situés dans les Coutumes d'exclusion.

Et si elle est mariée en Coutume d'exclusion & dotée, elle est exclusé de succeder aux biens situés dans les autres Coutumes d'exclusion, mais *v.* Renonciation.

EXECUTION TESTAMENTAIRE.

Page 274. *in princip.* de ce mot, *ajoutez*: *v.* Furgole, des Testamens, chap. 10. sect. 4.

Ibid. nomb. 3. ligne 2. *après le mot* publique, *ajoutez*: Ric. n. 67. le Brun, de la Commun. liv. 3. chap. 1. sect. 3. n. 9. contre Auzan.

Et *in fine* de ce nombre 3. *mettez*: Bacq. Tronçon, Charond. Chop. le Br. *eod.*

Ibid. page 275. nomb. 9. *in fin. inserez cette addition*:

Quant au legs, *v.* Legs, part. 2. sect. 15. n. 9. Mais l'usage est que l'Exécuteur testamentaire ne doit payer que les legs pieux; à l'égard des autres, il ne les doit payer qu'après la délivrance obtenue par les Legataires.

Ibid. page 276. col. 1. après le n. 19. *mettez l'addition suivante*:

20. En Pays de Droit écrit, les droits & charges d'un Exécuteur testamentaire sont reglés suivant le pouvoir qui lui est donné par le testament, & les charges qui lui sont imposées, comme tout autre Mandataire; ainsi il n'est saisi de rien, & n'a le pouvoir ni de vendre les meubles, ni d'exiger les dettes passives, *leg.* 63. *de Procurator.*

21. S'il y a plusieurs Exécuteurs testamentaires nommés, *v.* Desp. tome 1. part. 1. tit. 4. sect. 2. n. 6.

22. Exécuteur testamentaire doit conduire le deuil, *l.* 14. §. 2. mais dans l'usage cela dépend de la qualité de l'Exécuteur & des heritiers ou parens qui y assistent.

EXHEREDATION.

Page 278. col. 1. nomb. 14. *in fin. ajoutez ce qui suit*:

Mais l'intention de Justinien n'est pas d'exclure d'autres causes semblables, ou plus grandes, Fachin, *lib.* 6. *cap.* 78.

Ibid. page 279. col. 1. *in fin.* du nomb. 2. *ajoutez ce qui suit*:

Pendant le Procès l'exhérédé doit obtenir des provisions alimentaires eu égard à la portion qu'il prétend dans l'hérédité, *leg.* 27. §. 3. *de inoffic. testam.*

Ibid. col. 2. *in fin. ajoutez ce nomb.* 13.

13. En cas que l'exhérédé se pourvoye contre l'exhérédation, si l'hérédité consiste en mobilier, l'heritier doit donner bonne & suffisante caution, *arg. leg.* 5. *de hered. petit.*

Ibid. page 280. col. 2. dern. *à-lineâ* lig. 4. après Fachin, *ajoutez*: *lib.* 6. *cap.* 80.

Et ligne 5. après Fachin, *ajoutez*: *eod.*

Ibid. page 281. col. 2. immédiatement avant le nombre 5. *inserez l'addition suivante*:

L'on prétend sur le fondement d'un Ar. du 25 Juin 1714. au rapport de M. de Vienne, imprimé avec le Mémoire de M. Macé, Avocat, que les réserves coutumieres ne peuvent pas être substituées; mais cet Arrêt ayant déclaré le testament nul dans la forme, on ne peut pas dire qu'il ait jugé la question. Cependant l'opinion que les réserves coutumieres ne peuvent pas être substituées, est la plus conforme aux principes, & au sentiment des Auteurs, *v.* Coq. sur Nivern. tit. des Testam. art. 1. Lalande, sur Orl. 295.

Ce qui doit s'entendre lorsque la substitution des réserves coutumieres est faite sans cause; car si elle est faite *additâ causâ* de dissipation, l'exhérédation officieuse a lieu même en collaterale, sans que le grevé ni ses créanciers puissent demander distraction des réserves coutumieres; Ar. du Vendredy 15 Mars 1748. sur les conclusions de M. le Bret, Avocat Général.

Nota. M. le Bret s'est déterminé sur le fait, que le collateral grevé avoit été Comédien pendant trois ans par nécessité; ce qui prouvoit sa dissipation, ayant eu pour 12000 liv. de biens des successions de ses pere & mere.

Page 282. col. 1. *in fin. ajoutez ce qui suit:*

EXPEDITIONS.

Comment se partagent entre les heritiers du défunt, & le nouveau Greffier, *v.* l'art.

35. du Reglement du 10 Juillet 1665. *v.* auſſi l'art. 13. du Reglement du 10 Décembre 1665.

F

FACULTE' DE RACHAT.

PAGE 284. col. 2. nomb. 1. *in fin. ajoutez : v.* Garentie, n. 13.

Ibid. page 286. col. 1. n. 6. lig. 6. *in fin. ajoutez* : contre Fachin, *lib.* 6. *cap.* 13.

Ibid. col. 2. nomb. 9. *in fin. mettez l'addition ſuivante* :

Mais l'accroiſſement arrivé par alluvion, doit demeurer à l'Acquereur, parce qu'il fait les fruits ſiens, & que la vente à faculté de remeré eſt parfaite, *Fachin. lib.* 2. *cap.* 6.

Quant aux fruits pendans lors de l'exercice de l'action de remeré, ils doivent être partagés, eu égard au tems de l'année, à compter, d'un côté, du jour de la vente, & de l'autre, du jour des offres réelles ſuivies auſſitôt de conſignation, *v. Fach. lib.* 2. *cap.* 14 & 42.

Page 287. col. 1. après le nomb. 11. *ajoutez les nombres ſuivans* :

12. Si deux ont vendu à faculté de rachat, l'un peut l'exercer en offrant tout le prix, Fachin, *lib.* 2. *cap.* 2.

13. En retrait conventionnel, il faut offres réelles ſuivies de conſignation en cas de refus de les accepter, Fachin, *lib.* 2. *cap.* 42.

Mais le défaut de conſignation n'emporte nullité de l'action, il empêche ſeulement que le Vendeur retrayant ne puiſſe répéter les fruits du jour des offres, Tiraq. *de retr. conven.* §. 4. *gl.* 6. *n.* 4. mais *v.* Poitou, 366.

14. Si Acquereur à faculté de remeré de partie indiviſe, a été provoqué à liciter, & s'eſt rendu Adjudicataire de tout, le Vendeur eſt obligé de retirer le tout, *l.* 8. §. 13. *comm. divid.*

FAUTE.

Page 287. *in princip.* de ce mot, *ajoutez* : *v.* Dol. *v.* Impéritie.

Ibid. nomb. 1. entre les lignes 13 & 14. *inſerez l'addition qui ſuit* :

Ainſi, grande faute eſt entierement comparée au dol, *leg.* 1. §. 1. *ſi menſ. falſ. mod. dixerit. Lata culpa plenè dolo comparabitur, dict.* §. 1. *Latior culpa dolus eſt*, *leg.* 32. *depoſiti. Nota*, ici le comparatif eſt pris pour le poſitif, Godefroy, *in dict. leg.* 32. *quæ contrahitur etiam in non faciendo*, *leg.* 91. *de verb. oblig. Diſſoluta negligentia propè dolum eſt*, *leg.* 29. *mandat. dolo proxima*, *leg.* 12. *de incend. leg.* 22. §. 3. *ad Trebell. Dolum accipere debemus & culpam latam*, *leg.* 5. §. *ult. ut in poſſeſſ. legat. Magna negligentia in doli crimine cadit*, *leg.* 1. §. 5. *de obligat. & action. Culpa dolo proxima dolum repreſentat*, *leg.* 1. §. 2. *ſi is qui teſtam. lib. eſſe juſſus. Magna negligentia culpa eſt, magna culpa dolus eſt*, *leg.* 226. *de verb. ſignif.*.

Mais il n'en eſt pas de même en matiere criminelle : *In lege Corneliâ dolus pro facto accipitur; nec in hac lege culpa lata pro dolo accipitur*, *l.* 7. *ad leg. Cornel. de Sicar.* ni en délation de ſerment *in litem*, *v.* Serment, *v.* auſſi *ſupr. dict. l.* 3. §. *ult. de ſuſpect. tutor.* & *dict.* §. 5. *inſtit. eod.*

FERMIER.

Page 290. *in fin.* de ce mot, *ajoutez ce nombre* 4.

4. Le Fermier peut répeter les dépenſes qu'il a faites, ſi elles concernent l'utilité perpétuelle du fond, *Fachin. lib.* 1. *cap.* 85. mais ſeulement *in quantum fundus pretioſior factus fuerit*, eu égard au tems de l'expiration du bail, *v.* Impenſes.

FOY & HOMMAGE.

Page 296. col. 2. n. 8. *in fin. ajoutez ce qui ſuit* :

L'uſufruitier au refus du Proprietaire, n'eſt pas non plus reçu à faire la foi & hommage, Mol. §. 55. *gl.* 2. *n.* 3. ſauf ſon recours contre le Proprietaire pour ſes dommages & interêts, n. 8.

Douairiere le peut au refus du Proprietaire, n. 4 & 5. Mais Dupleff. tit. des Fiefs, liv. 5. ch. 7. fect. 2. dit, que l'opinion commune eft, que tout Ufufruitier le peut au refus du Proprietaire, *v.* Paris, 34.

FRAIS FUNERAIRES.

Page 296. lign. 1. de ce mot, avant Ar. 7 Juin, *ajoutez*: *Leg.* 14. §. 1. *de relig. & fumptib. funer. Nam fummam effe rationem quæ pro religione facit, leg.* 43. *eod.*

Et ligne 6. *in fin. ajoutez*: *impenfa funeris omne creditum folet præcedere, cum bona folvendo non fint, leg.* 45. *eod. v.* Subrogation, n. 4.

FRANC-ALEU.

Page 297. col. 2. à la fin du n. 3. *ajoutez*: Graverol fur la Roche, des Dr. Seig. ch. 1. art. 1. Cambol. liv. 4. chap. 45. Mayn. liv. 4. ch. 35.

Ibid. page 298. col. 1. à la fin du nomb. 4. *ajoutez*: Ce qui s'obferve même contre un Seigneur qui feroit fondé en territoire circonfcrit & limité, Graverol fur la Roche, des Dr. Seign. chap. 1. art. 1.

FRUITS.

Page 299. col. 1. ligne 7. après le mot perçus, *ajoutez*: ou féparés du fonds, *leg.* 78. *de rei vindic.*

Ibid. à la fin de ce nomb. 1. *ajoutez ce qui fuit*:

Les fruits qui font tombés d'eux-mêmes, comme les chataignes, & non encore recueillis lors du décès de l'Ufufruitier, n'appartenant point à l'heritier de l'Ufufruitier, *leg.* 13. *quib. mod. ufusfr. vel ufus amittitur*, ne doivent pas appartenir au Poffeffeur de bonne foi, qui ne les avoit point recueillis lors de la demande réelle intentée contre lui.

Ibid. page 300. col. 1. n. 6 *in fin. ajoutez ce fuite*: s'entend [illegible] ceux qui étoient échûs lors de la demande feulement.

Comment on doit entendre la maxime, *fructus augent hæreditatem*, *v.* Cujas, *ad leg.* 51. §. 1. *de hæredit. petit.*

G

PAGE 304. col. 1. n. 14. lig. 31. après *de re judic. ajoutez*: Par. 181.

Page 305. *in principio* du mot, GAGERIE, *mettez ce renvoi*: *v.* Saifie Gagerie.

Page 306. col. 1. lig. 7. *in fin. ajoutez*: mais *v.* Mandement.

Page 316. col. 1. diftinct. 3. ligne penult. au lieu de 265. liv. 2. ch. 54. *lifez*: 265. & en fes Arr. liv. 3. ch. 54.

GREFFE.

Page 318. nomb. 1. *in fin. ajoutez ce qui fuit*:

Ne peut faire fonction de Procureur, Reglem. 10 Décemb. 1665. art. 18. ni être Fermier du Seigneur, *ibid.* art. 19.

GROSSE.

Page 318. nombre 1. ligne 10. *in fin. ajoutez*: *v.* Boullenois, queft. mixt. qu. 8. page 148.

H

HABITATION.

PAGE 319. col. 1. nomb. 2. *in fin. ajoutez ce qui fuit*:

Le Proprietaire n'a droit d'y habiter contre fa volonté, *l.* 10. §. 4. *de ufu & habit. l.* 22. §. 1. *eod. v.* Ufage, n. 2. *Nifi agri colendi causâ ibi verfetur, l.* 15. §. 1. *eod.* auquel cas il ne doit incommoder ni le Proprietaire ni fes Ouvriers, *l.* 11. *eod.*

Ibid. nombre 5. *in fin. mettez l'addition fuivante*:

Ce qui doit avoir lieu partout, s'il n'y a claufe contraire, parce que fuivant les Loix citées, *fupr.* n. 3. celui qui a droit d'habitation, en doit ufer par lui-même, & la femme doit aller demeurer avec son mari; d'ailleurs l'on ne peut pas présumer que le défunt mari ait entendu, que sa veuve eût cette habitation avec son nouveau mari; cependant, s'il est stipulé que la femme aura l'habitation ou une certaine somme à son choix, elle peut demander la somme, quoiqu'elle se remarie, si elle en a fait option; car si elle avoit d'abord opté son habitation en nature, elle la perdroit par ses secondes nôces par les raisons susdites, Bret. sur Henrys, tome 1. livre 4. quest. 105.

HERITIER.

Page 319. nomb. 2. *in fin. ajoutez ce qui suit :*

Mais il le peut faire indirectement, en imposant à son heritier en Pays de Droit écrit, d'accepter l'institution purement & simplement, sinon instituer un autre heritier.

Ibid. page 320. col. 2. n. 6. lig. 10. *in fin. ajoutez*: Fachin, *lib.* 6. *cap.* 28.

Ibid. page 321. col. 1. après la ligne 4. *ajoutez* :

La présence du Juge n'est point nécessaire, Fachin, *lib.* 4. *cap.* 36.

Et ligne 9. *in fin. ajoutez :* Mais en fideicommis, *v.* les articles 1 & suiv. du titre 2. de l'Ordonnance de 1747. concernant les substitutions.

Ibid. n. 9. lig. 5. après bénéfice, *ajoutez*: Fachin, *lib.* 4. *cap.* 37.

Ibid. page 322. n. 18. *in fin. v.* Retrait, *lisez* : *v.* Retrait *personnes*, n. 5.

HOMME *vivant & mourant.*

Page 323. *in princip.* de ce mot, *ajoutez: v.* Mol. sur Par. §. 3. gloss. 4. n. 39.

HYPOTEQUE.

Page 328. col. 2. nomb. 9. *in fin. v.* Substitution, *mettez*, *v.* Substitution, part. 2. sect. 4. distinct. 9.

Ibid. page 330. col. 1. nomb. 5. ligne 4. après n. 21. *ajoutez* :

De sorte que s'il n'échet au débiteur qu'une somme, même par licitation, son créancier n'a point d'action en déclaration d'hypoteque, à intenter contre le co-heritier Adjudicataire des immeubles.

Ibid. col. 2. *in princip.* de la sect. 7. *ajoutez* : *v.* Novation, *v. supr.* sect. 6. n. 8.

I

IGNORANCE.

PAGE 333. lig. 5. *in fin.* de ce mot, *ajoutez* : *v.* Fachin, *lib.* 8. *cap.* 106.

IMPENSES.

Page 335. col. 1. nomb. 4. lig. 7. après *empti*, ajoutez : *Leg.* 50. *in fin. de usufr. & quemadm.*

Ibid. col. 2. après le nomb. 7. *mettez l'addition suivante :*

IMPERITIE.

Artisan en est tenu, *l.* 9. §. 5. *locati. Imperitia culpæ annumeratur*, *dict.* §. 5. mais *v. l.* 27. §. 29. *Ad leg. Aquil.* Le Medecin qui opere de la main, c'est-à-dire, le Chirurgien, *l.* 7. §. 8. *ad leg. Aquil. v. l.* 8 & 9. *eod.* l'Arpenteur n'en est tenu, ni de sa négligence, n'est tenu que de son dol, *l.* 1. §. 1. *Si mens. fals. mod. dixer.* ni l'Architecte, *l.* 7. §. 3. *eod.* ni le Notaire, *dict. l.* 7. §. 4. *eod. v.* Notaire, n. 12.

IMPUBERE.

V. Accusation.

INCAPACITE'.

Page 336. col. 1. nomb. 2. lig. 5. *in fin. ajoutez* : *v.* Avantage.

Ibid. lig. 7. après Ric. n. 454. *ajoutez :*

Et payé le reliquat, Maynard, liv. 2. ch. 96. Desp. *eod.* ℣. 8°.

INCENDIE.

Page 340. col. 1. *effacez les lignes* 17. 18 & 19. *& substituez-y ce qui suit* :

En effet, suivant la Loi 6. §. 2. *de his qu. dejecer. vel effuder. habitator suam suorum-*

que culpam præstare debet, dict. §. 2. *v. infr. n.* 9. *& suiv.*

INCOMPATIBILITE'.

Page 345. col. 1. lig. 7. *in fin. ajoutez :*

V. Henr. & Bret. tome 2. liv. 6. qu. 1. *v.* Fachin, *lib.* 6. *cap.* 64. & Dolive, liv. 5. ch. 30.

Ibid. page 345. col. 1. n. 16. ligne dern. après *J. P. ajoutez* : tom. 1.

INDEMNITE'.

Page 346. col. 1. n. 3. lig. 8. *in fin. ajoutez* : Poitou, 52.

Et ligne 11. *in fin. ajoutez* : *v.* Chenu, *eod.*

INDIGNITE'.

Page 347. col. 2. n. 2. *in fin. ajoutez :*

Et l'enfant ingrat, Auth. *ex testamento, cod. de secund. nupt. v.* Desp. tom. 2. part. 2. tit. 1. n. 9. *v.* 6°.

Ibid. page 348. nomb. 8. *in fin. ajoutez* : *v.* Legs, part. 3. sect. 9. n. 2.

INSTITUTION.

Page 354. sect. 1. *infr.* de la ligne 2e. *mettez l'addition suivante :*

Heritier institué par un testament inutile, qui de bonne foi a restitué l'hérédité qu'il tenoit à la charge de fideicommis, n'est tenu que de ceder les actions à l'heritier légitime, qui ensuite a attaqué le testament & l'a fait annuler ; & s'il a payé des legs *de suo*, il a droit de rétention, sauf à l'heritier légitime à user de répetition contre les Legataires qui ont été payés, *leg.* 16. §. 7. *& leg.* 17. *de heredit. petit. v. leg.* 18. *eod.*

Ibid. page 356. col. 1. dernier *à-lineâ*, ligne 1. *effacez le mot* Enfin.

Et *infrà* de ladite col. 1. *mettez cette addition :*

Enfin le Brun n. 24. dit que ceux qui font une institution contractuelle, avec réserve de pouvoir disposer jusqu'à une certaine concurrence, se prescrivent eux-mêmes des bornes pour les donations entre-vifs & testamentaires, suivant qu'il a été jugé par un Arrêt cité par Brod. S. 9. mais que cela ne les empêche pas de faire des contrats onéreux pendant leur vie, pourvû que ce soit aussi sans fraude. Mais, en ce cas, la prohibition s'étendra-t'elle sur les biens acquis depuis? *v. infr. n.* 6.

Ibid. col. 2. lig. 8. *in fin. ajoutez* : *v.* Communauté, part. 2. sect. 10. n. 1.

Ibid. lig. 18. après Anjou, 245. *ajoutez ce qui suit :*

* Desquels il peut disposer librement par derniere volonté, Coqu. sur Nivern. tit. 27. art. 12. parce que, dit-il, les dispositions valent, selon la vrai-semblable volonté & intention du Disposant, qui alors ne pense pas aux biens qu'il n'a pas, & qu'il ne se peut assurer d'avoir.

INTERDICTION.

Page 358. col. 1. ligne dern. après *prodigum, ajoutez* : *v.* Fachin, *lib.* 2. *cap.* 63.

Ibid. page 359. col. 2. *infrà* de la ligne 2. *ajoutez les nomb. suiv.*

8. Le contrat ou obligation faite par le prodigue interdit est nul, quoique la Sentence d'interdiction n'ait pas été publiée, & qu'elle ait été ignorée par celui qui a contracté avec lui, Fachin, *lib.* 2. *cap.* 68.

9. Le prodigue interdit s'oblige *ex delicto*, Fachin, *lib.* 2. *cap.* 68.

INTERESTS.

Page 360. col. 1. n. 1. *in fin. mettez l'addition qui suit :*

Sequestre ayant payé à un créancier une dette commune à l'heritier mobilier & à l'heritier des propres, produisant interêts, l'heritier des propres doit à l'heritier mobilier les interêts du jour du payement, de ce qui a été payé à sa décharge des deniers de l'heritier mobilier.

Ibid. page 361. col. 2. ligne 2. *in fin. ajoutez* : *v.* Fachin, *lib.* 2. *cap.* 32.

Page 363. avant INTERRUPTION, *inserez l'addition suivante :*

INTERROGATOIRE SUR FAITS ET ARTICLES,

V. Ordon, 1667. titre 10.

1. *Videtur non respondere qui ad interrogata non respondet, l. 11. §. 5. de interrogat.*

2. *Obscurè respondere, & nihil respondere, paria sunt, §. 7. eod.*

3. Faits pertinens, concernant seulement la matiere dont est question, dont parle l'article 1. du titre 10. de l'Ordonnance de 1667. s'entend de ceux qui tendent à acquerir la preuve de ce qui est en contestation.

Ainsi, la Partie n'est point obligée de répondre à des faits & articles vagues, non concluans, ou calomnieux, & préjudiciables à sa réputation, Imb. Prat. chap. 32. nomb. 2. not. 6. *Interrogationis continenti turpitudinem quis non tenetur respondere*, Rebuffe, *de resp. per credit. vel non, art. 6. num. 1 & seq. Positioni per quam quis detegeret delictum suum, quis non cogitur respondere*, Accurs. *ad l. 26. §. 1. de jur. jur.* La Partie peut demander que tels faits soient rejettés, Imb. *eod.* Rebuffe, *de publicat. attestat. gl. un. n. 21. in fin.*

INTERRUPTION.

Page 363. *in princip.* de ce mot, *mettez ce renvoi :*

V. Prescription, sect. 4.

Ibid. in fine de ce mot, *ajoutez ce qui suit :*

INTERVENTION.

Si dans une action en pétition d'hérédité ou d'éviction, un tiers intervient, il ne peut pas retarder le Jugement, sauf à obliger le Demandeur qui réussit à donner Caution de rendre le fonds avec les fruits, s'il y échet, Fachin, *lib. 1. cap. 5.*

JUGES.

Page 367. col. 1. nomb. 8. *in fin. ajoutez :* *V.* Desp. tome 3. page 156. n. 13.

Ibid. au lieu du nombre 9. *ajoutez ce qui suit :*

9. Juge devenu aveugle peut exercer, *cæcus officio judicandi fungitur, leg. 6. de judiciis. v.* Accurse *in dict. leg. 6.* Ar. d'Aix 14 Juin 1689. *J. Pal.*

Ibid. infrà du nomb. 10. *mettez l'addition suivante :*

11. Ne peuvent se rendre Adjudicataires des biens vendus en leurs Siéges, Reglem. 10 Juillet 1665. art. 13. ni recevoir les épices par leurs mains, art. 14.

12. Expeditions qu'ils peuvent faire en leurs maisons, *v.* l'art. 17. dudit Reglem.

13. Hauts-Justiciers ni Evêques ne peuvent vendre les Offices de Judicature, Ord. de Blois, art. 101.

14. Juge est tenu de prononcer sur toutes les contestations portées devant lui, *l. 74. de judiciis.*

15. Juge devant lequel est porté l'exécution d'une Sentence ne peut la réformer, *leg. 75. de judiciis.*

JUSTICE.

Page 367. n. 1. *in fin. ajoutez :*

Cependant il se peut acquerir par prescription, *v.* Fachin, *lib. 8. cap. 23.*

L

LEGITIMATION.

PAGE 368. n. 1. Elle légitime même les enfans, &c. *lisez :* Elle légitime même les légitimes des enfans, &c.

Et *in fin.* de ce n. 1. *ajoutez :* Fachin, *lib. 3. cap. 56.*

Ibid. col. 1. ligne pénult. *in fin. ajoutez : v.* Fachin, *lib. 3. cap. 50.*

Et col. 2. lig. 3. *in fin. ajoutez : v. infr.* sect. 2. n. 2.

LEGITIME.

Page 371. col. 2. nomb. 2. lign. 27. après section 2. *ajoutez :* n. 11.

Au même nombre 2. lig. antépenult. liv. 6. qu. 5. *lisez :* liv. 5. qu. 7.

Ibid. page 372. col. 1. lign. 3. après n. 5. *ajoutez ce qui suit :*

Ainsi en ce cas, la prétérition des freres germains ou consanguins rend le testament nul,

nul, *v.* l'Ordon. de 1735. concernant les testamens, art. 50 & 53.

Ibid. nomb. 4. lig. 2. *effacez* le Brun, sect. 1. *& tout ce qui suit jusqu'à la fin de ce nomb.* 3, *& substituez la correction suivante* :

Fachin, *lib.* 4. *cap.* 34. le Brun, sect. 1. nomb. 43. & liv. 3. ch. 4. n. 75. Arrêt 30 Juin 1671. addit. sur Ric. n. 1001. & Ric. n. 993. & suiv. contre Arr. 12 Décemb. 1598. Peleus, Desp. page 309. ℣. 11°. *v.* Heritier, n. 19.

Ibid. page 375. col. 1. ligne 11. *ajoutez*: *v.* Fachin. *lib.* 5. *cap.* 95.

Ibid. nomb. 5. effacez en entier le dernier *à-lineâ* de ce nombre qui commence par ces mots : La mere, &c. *& substituez-y ce qui suit* :

La mere ne peut point défendre valablement au préjudice de la puissance paternelle, que sur ce qu'elle laisse à son enfant en premier dégré, ou l'ayeule sur ce qu'elle laisse à son petit-fils ou petite-fille, le pere en ait l'usufruit, *Nov.* 117. *cap.* 1. Barthole *in Auth. excipitur. cod. de bon. quæ liberis.* Fachin, *controvers. lib.* 5. *cap.* 21. Bret. sur Henr. tom. 2. liv. 4. qu. 13. Arr. du Parl. de Bourdeaux du 3 Août 1523. Pap. liv. 7. tit. 1. art. 5. quoique le pere se fût remarié, Pap. *ibid.* Desp. tom. 1. page 572. n. 13. ℣. 3°. Arrêt du Parlement de Toulouse de 1688. Catel. tom. 2. liv. 4. ch. 80. contre Accurs. sur ladite *Nov.* 117. *cap.* 1. & le Br. des succ. liv. 2. ch. 3. sect. 4. n. 20. & suiv. Mais quant à l'excedant de la légitime, *v.* Puissance paternelle, sect. 2. n. 1. *v.* Usufruit, sect. 6. n. 25.

Ibid. page 376. col. 2. ligne 17. *in fin.* *ajoutez* : *v.* Fachin, *lib.* 4. *cap.* 26.

Ibid. page 377. sect. 6 ligne 4. après 319 & suiv. *ajoutez* : & Fachin, *lib.* 4. *cap.* 31.

Ibid. col. 1. n. 2. *corrigez ainsi ce nomb.*

2. Qui renonce *aliquo dato*, fait nombre & part, au profit de celui qui l'a récompensé, ou qui renonçant pour se tenir à son don, doit fournir la légitime aux autres, Mol. §. 9. *gl.* 4. *n.* 7. le Br. &c.

Ibid. page 381. col. 1. lign. pénultiéme, après *l.* 4. *ajoutez* : *cod.*

Ibid. pag. 382. col. 1. ligne 6. *in fin. ajoutez* : nomb. 4. *v.* Desp. tome 2. part. 1. tit. 9. sect. 2. n. 24. ℣. 3°. la Roche, Ar. 5. *v.* Cambol. liv. 1. ch. 7.

Ibid. page 383. sect. 11. nomb. 2. ligne 16. *Papinianus* 7. *lisez* : *Papinianus* 8.

Ibid. col. 2. ligne pénultiéme, *def.* 2. *lisez* : *def.* 20.

LEGS.

Page 386. col. 1. *corrigez ainsi le nomb.* 14 :

14. Aux Confreries, Colleges, Communautés, est nul, s'ils ne sont approuvés, *leg.* 20. *de reb. dub.* par Lettres Patentes dûement registrées. *Secùs*, s'il est fait aux Membres, *dict. leg.* 20. *v.* mon Recueil de Jurisprudence Can. *verb.* Communautés.

Ibid. page 387. col. 1. nomb. 5. ligne 2. après *de verb. signif.* ajoutez : *leg.* 43. *de usufr. & quemadm. leg.* 34. *in fin. de legat.* 1°.

Page 388. après le nomb. 17. *mettez l'addition suivante* :

18. Si le Testateur legue à l'un un certain fonds, & à l'autre l'usufruit du même fonds, l'usufruit se partagera par moitié entre les Légataires, *l.* 19. *de usu & usufr. & red. & hab. & oper. per legat. vel fideic. relict. appellatione enim fundi plena proprietas continetur.* Accurs. *ad dict. l.* 19. *Socin. jun. cons.* 109. *n.* 32. *& cons.* 115. *n.* 9. *Nec obstat l.* 16. §. 1. *fam. ercisc. v.* Acc. *ad dict.* §. 1.

Ibid. sect. 2. lign. 2. après part. 2. ch. 4. *ajoutez*, *v.* Mœnoch. *lib.* 4. *præsumpt.* 106. *v.* Appartenances.

Page 394. *in fin.* de la sect. 14. *ajoutez ce qui suit* :

Mais en Poitou, si l'un des Conjoints donne à l'autre ses meubles & acquêts, le survivant en sera saisi, non l'heritier du trépassé, soit en donation faite entre-vifs, ou par disposition à cause de mort, Poitou, 274.

Pag. 395. col. 2. n. 9. lig. 5. après n. 55.

ajoutez : *v.* Exécuteur teſtamentaire, n. 9.

Et *in fin.* dudit nombre 9. *après* répetition, *ajoutez* : n. 7.

Ibid. infr. n. 10. *mettez l'addition qui ſuit :*

11. Le Teſtateur ayant fait un Legataire univerſel, & des Legataires particuliers en deniers, les heritiers *ab inteſtat* ne ſont point tenus de contribuer aux legs particuliers, quoique le Teſtateur n'ait pas diſpoſé de tous ſes biens diſponibles, & ne ſont obligés de ſe reſtraindre aux quatre quints des propres pour ſe diſpenſer de contribuer au payement des legs particuliers, tandis que le legs univerſel eſt ſuffiſant pour les acquitter ; parce que les legs particuliers ſont de droit commun une charge du legs univerſel, & que Paris, 295. ne s'entend que quand les legs abſorbent & au-de-là les biens diſponibles.

Page 397. col. 2. *in fin. mettez l'addition ſuivante :*.

Section III.

Des charges qui diminuent le legs.

Charges réelles diminuent le legs, Ric. part. 3. n 288. & paſſent toujours avec le profit, Ric. *eod.* n. 551. *v.* Accroiſſement. Non les perſonnelles, *l.* 69. §. 3. *de legat.* 1. s'il paroît que le Teſtateur en avoit connoiſſance, §. 5. *inſtit. eod.* Ric. *eod.* n. 289. *Secùs*, ſuivant la diſpoſition du Droit, ſi le legs eſt fait à un proche parent du Teſtateur, auquel il eſt à préſumer que le Teſteur n'eût pas laiſſé de leguer l'heritage libre, encore que la charge ne lui ait pas été inconnue, *l.* 6. *cod. de fideic.* ou au cas qu'il ſe trouvât que la charge déduite, le legs ſeroit infructueux, *l.* 57. *de legat.* 1. Mais cette diſtinction n'a pas lieu parmi nous, Ric. *eod.* n. 290.

Page 398. col. 1. *in princip.* Section III. *mettez* : Section IV. & ainſi des Sections qui ſuivent.

Page 400. *infr.* du nombre 24. *mettez l'addition ſuivante :*

25. Mari faiſant un legs à ſa femme, celle qu'il avoit au tems de ſon teſtament étant morte, eſt dû à celle qui lui ſurvit, Fachin, *lib.* 5. *cap.* 42.

26. Ces termes : *Je legue à Premier ce que j'ai legué à Second*, emportent ademption & tranſlation du legs, *l.* 5. *de adim. legat. Inſtit. de adempt. legat.* §. 1.

27. Si le pere a donné en dot à ſa fille ce qu'il lui avoit legué par ſon teſtament, le legs n'eſt dû, *leg.* 11. *cod. de legat.* Mais ſi le pere a legué à ſa fille 1000 liv. *nomine dotis*, & qu'il ne l'ait dotée que de 500 l. elle a action du legs pour le ſurplus, Fach. *lib.* 5. *cap.* 55.

Ibid. page 401. col. 2. n. 1. ligne 14. *in fin. ajoutez : v.* Mœnoch. *de præſumpt. lib.* 4. *præſumpt.* 25.

Ibid. col. 2. n. 1. *in fin. ajoutez* : art. 53 & 67.

Lettre de Change.

Page 413. col. 1. *infr.* du nomb. 4. *ajoutez ce qui ſuit :*

La fin de non-recevoir portée par l'art. 15. du titre 5. de l'Ordon. de 1673. a lieu pour les endoſſemens de billets payables au Porteur, Arrêt 28 Juillet 1711. au rap. de M. l'Abbé Robert.

Lettres de ratification.

Page 413. col. 1. *in fin. mettez l'addition qui ſuit :*

N'en ſont dûs les frais par les heritiers du Teſtateur qui a legué la rente à l'Egliſe ; parce qu'ils ne ſont tenus que de faire lever aux frais de la ſucceſſion du Teſtateur, les obſtacles pour mettre l'Egliſe en état de poſſeder, comme l'amortiſſement & l'indemnité, *v.* Amortiſſement.

Lettres de repit.

Page 413. *in fin.* de ce mot, *ajoutez :*

Nota. On n'en obtient plus. M. le Chancelier (d'Agueſſeau) a même défendu aux Secretaires du Roi d'en preſenter au ſceau.

LICITATION.

Page 413. n. 2. *effacez led.* nombre 2. *& substituez ce qui suit :*

2. Le Brun, n. 31. dit que pour liciter il faut que la chose soit indivisible, il cite la Loi 3. *comm. divid.* qui ne le dit pas, c'est la Loi 55. *eod.* & *l.* 25. §. 15. *fam. ercisc.* mais il suffit que l'immeuble ne se puisse commodément partager, & sans perte, pour forcer de liciter, §. 5. *v. quod si commodè, inst. de offic. judic. v. l.* 22. §. 1. *fam. ercisc.*

Les étrangers peuvent être admis à la licitation, le Brun, *eod.* n. 31. & cite *l.* 30. *fam. ercis. & l.* 22. §. 1. *eod.* qui ne le disent; cependant cela est constant dans l'usage.

LODS ET VENTES.

Page 416. col. 1. lig. 9. §. 2. *lisez* : §. 42.

Page 418. col. 1. *infr.* de la lig. 2. *ajoutez ce qui suit* :

Par Arrêt du 5 May 1744. confirmatif de Sentence du Domaine, il a été jugé que des enfans qui prennent en payement du compte de communauté de leur mere, & de leur compte de tutelle, des heritages acquis pendant la communauté par leur pere & mere, & appartenans à leur pere, comme lui étant échus par le partage de ladite communauté, doivent les lods & ventes du prix de ces heritages.

Ibid. page 418. col. 1. *infrà* de la ligne pénultiéme, *ajoutez ce qui suit :*

Mais lods ne sont dûs pour le déguerpissement, même fait au Cessionnaire ou Acquereur de la rente fonciere non rachetable, Pocq. de Livonnieres, Traité des Fiefs, liv. 3. ch. 6. sect. 2.

Ibid. pag. 421. col. 1. *verb. Exempt.* ligne dern. *in fin. ajoutez :*

Tous les Officiers de la Chambre des Comptes & leurs veuves, ont aussi cette exemption, Edit de Janv. 1645; Lettres Patentes du 16 Novembre 1723 & 18 Juil. 1725.

Ibid. page 424 col. 1. *entre* les mots, *Possession* & *Prescription*, *inserez ce qui suit :*

Préference. Le Seigneur est préferé au Vendeur du fond. *Secùs*, à l'égard des Légitimaires, Breton. tom. 2. liv. 3. qu. 18.

Le nouveau Titulaire est tenu des mutations précedentes, sauf son recours contre les heritiers de son prédécesseur, Bret. *eod.*

LOY.

Page 430. *in fin.* de ce mot, *ajoutez :*

In jure opus est magnâ æquitate, interdum rejectâ subtilitate nimiâ, res ipsas esse considerandas, Godefr. *ad leg.* 66. *de jur. dot.*

M

MACEDONIEN.

PAGE 430. col. 2. nombre 4. *in fin. ajoutez :* Mais s'il a payé des deniers de son pere, *v. leg.* 14. *de reb. creditis.*

MANDAT, MANDATAIRE.

Page 432. sur ce mot, *mettez l'addition qui suit :*

Si je mande à Titius mon débiteur de payer à Sempronius mon créancier, & que Titius promette de payer à Sempronius, je ne suis point liberé par cette promesse de Titius, parce que j'ai donné ordre à mon débiteur de payer, non de s'obliger, Fach. *lib.* 11. *cap.* 53. & que ce mandement n'est point une délegation, Fachin, *ibid.* & *lib.* 2. *cap.* 73. *v.* Délegation; ni un transport dans le cas duquel le Cedant n'est assujetti qu'à la garantie de droit, s'il n'y a garantie de fait, *v.* Garentie, n. 3.

MARGUILLIERS.

Nomb. 1. ligne 1. 12 Décembre, *lisez :* 2 Décembre.

MEUBLES.

Page 445. col. 1. *infrà* du nombre 9. *ajoutez ce qui suit :*

De Saligny sur l'art. 113. de la Coutume de Vitry, donne pour maxime génerale, que les choses destinées à l'usage perpétuel de l'immeuble, sont censées en faire partie; & celles qui sont faites pour la commodité particuliere de la personne, sont réputées mobiliaires; ce qui est incontestable, sauf les differentes dispositions des Coutumes.

Ibid. nomb. 12. lig. dern. art. 10. tit. 1. *lisez*: liv. 2. tit. 10. art. 1. *v.* les nouvelles remarques sur Louet & Brod. M. 13.

Et après ce nombre 12. *mettez l'addition suivante*:

Cependant un bac de Seigneur est réputé immeuble, parce que son usage est perpétuel & destiné à certain lieu de la riviere pour passage public.

Il semble qu'on doit dire la même chose des batteaux de Blanchisseuses sur la riviere de Seine à Paris, puisque leur usage est perpétuel & destiné à certain lieu de la riviere, par la concession du Prevôt des Marchands, moyennant certain prix, pour servir au Public pour laver le linge en ce lieu, *v.* Moulin, n. 2.

MINEUR.

Page 446. col. 2. n. 12. *in fin. ajoutez ce qui suit*:

Un mineur, soit qu'il soit Demandeur ou Défendeur, est contraint de recevoir un Curateur *ad litem*, §.2. *Instit. de Curator. Fach. lib.* 8. *cap.* 60.

Pag. 446. après le nomb. 13. *mettez l'addition suivante*:

MINUTES.

Des minutes des Greffiers & des Notaires de Campagne, *v.* articles 13 & 14. du Reglement du 10 Juin 1665. *v.* Expeditions.

MORT.

Page 446. *in princip.* de ce mot, *ajoutez ce renvoi*:

v. Contrat, n. 22.

MOULIN.

Page 447. col. 2. n. 5. *in fin. ajoutez*:

Mais il convient de laisser les choses en l'ancien état.

N

PAGE 450. avant NOCES, *mettez ce qui suit*:

NEGOTIORUM GESTOR.

Est celui qui fait les affaires d'autrui present ou absent sans procuration, *v.* Procureur, sect. 1.

NOCES.

Page 450. col. 2. *second chef*, troisiéme *à-lineâ*, lign. 3. 20 Août 1576. *lisez*: 16 Décemb. 1578.

Ibid. page 452. col. 2. nomb. 5. *in fine, ajoutez*: *v.* Ricard, des donat. part. 3. nomb. 1228 & suiv.

Ibid. page 454. col. 2. ligne 9. *in fin. ajoutez*: *v. infr.* part. 2. *verb.* Préciput.

Ibid. page 455. col. 1. lign. 5. stipulation de ce qui échera, *lisez*: stipulation de reprise de ce qui échera.

Ibid. pag. 456. col. 1. lign. 17. *v. infr.* nomb. 2. *lisez*: *v. infr.* n. 3.

Ibid. Page 459. col. 2. *verb.* Préciput, *ajoutez ce qui suit*:

V. supr. part. 1. sect. 4. nomb. 6.

Mais dans la Coutume de Paris le préciput en entier est sujet à réserve, *v. infr.* part. 3.

A l'égard du préciput accordé par le second contrat de mariage par celui qui se remarie, à son second Conjoint, il doit faire partie du retranchement du premier chef de l'Edit, & ne peut exceder une part d'enfant.

Ibid. page 462. col. 1. nomb. 6. *in fin.* du premier *à-lineâ*, *mettez l'addition suivante*:

C'est conforme au sentiment de Renusson, *dict.* n. 25. & à celui de Bacq. des Droits de Justice, ch. 21. n. 348.

D'où il suit, ce semble, qu'ils ne doivent pas contribuer aux dettes du survivant remarié pour raison de ce fideicommis légal avec le second Conjoint, Donataire de part d'enfant; ce qui paroit plus plausible, lorsqu'ils renoncent à la succession du survivant remarié.

NOUVELLE ŒUVRE.

Page 466. nombre 3. ligne 10. *in fin.* *ajoutez* : *v.* Fachin, *lib.* 8. *cap.* 45 & 48.

O

OBLIGATION.

En tête de ce mot, *ajoutez ces autres renvois* :

V. Réserve, *v.* Payement.

Page 467. col. 1. n. 9. *in fin. ajoutez* : Mais *v.* Prêt, n. 9.

Ibid. col. 2. après le nombre 13. *mettez l'addition suivante* :

14. Les Lettres de rescision contre un écrit double par lequel l'un s'est obligé de payer certaine somme pour arrerages d'une rente constituée par contrat de tel jour, passé devant tel Notaire, ont été enterinées par Arrêt du 14 May 1749. en la premiere Chambre des Enquêtes, au rapport de M. Noblet de Romery, infirmatif de Sentence du Duché Pairie d'Epernon, faute par l'autre de rapporter le contrat; entre les heritiers de Louis du Pin, Officier de Monsieur le Duc d'Orleans, Intimé; & Jean Trouvé, Vigneron, Appelant. *Si quis centum debeat, ducenta constituat, in centum tantummodo tenetur, l.* 11. §. 1. *de pecun. constitut. v.* Répetition.

15. Obligation pure de payer à qui est dû sous condition, dépend de l'évenement de la condition *l.* 19. *de pecun. constit.*

16. Si l'on s'oblige de payer ce qui est dû par un autre, celui-ci n'est pas liberé, *l.* 28. *eod.*

17. Obligation en griéve maladie dont on est mort peu de tems après, est valable, si l'Obligé étoit sain d'entendement, *l.* 27. *cod. de transact.* Arrêt 16. Novembre 1606. Belord. C. liv. 3. ch. 9.

18. L'un de plusieurs obligés solidairement n'ayant signé, le contrat vaut pour les autres, §. 18. *Inst. de inutil. stipul.*

OFFICES.

Page 470. col. 2. lign. 3. après *J. Aud.* *ajoutez ce qui suit* :

Par autre Arrêt du 11 Février 1747. sur déliberé au rapport de M. Bochard de Sarron, il a pareillement été jugé que le sceau des provisions d'un Office purge le douaire non ouvert.

OPPOSITION.

Page 472. col. 2. *infr.* du nombre 8. *ajoutez ce nomb.* 9.

9. Le remboursement d'opposition au sceau n'est dû que de la derniere, s'il n'y a stipulation au contraire par le titre de créance.

ORDRE.

Page 473. col. 1. *infr.* du nomb. 3. *ajoutez le nomb.* 4. *qui suit* :

4. Dans les ordres il faut liquider toutes les sommes des collocations en principaux, dommages & interêts, art. 19. du Reglem. du 10 Juillet 1665.

P

Page 473. avant PARISIS, *mettez l'addition suivante* :

PAPIER CENSIER.

V. Mol. sur Paris, §. 8. n. 11. *& seq.* Il dit *n.* 18. que les papiers censiers ne peuvent faire foi que contre ceux qui les ont fait faire & leurs successeurs, & non contre un tiers, lorsqu'ils ne se trouvent revêtus d'aucune forme ni autenticité publique.

Au nombre 19. Il dépend cependant de l'arbitrage du Juge, d'y avoir plus ou moins d'égard selon les circonstances ; par exemple : *Quando passim & publicè ad talem librum rationum, vel censuum, vel terragiorum recurri solet.* Et *n.* 20. ou quand le Vassal ou Censitaire, *eodem libro utitur in aliquo contrà patronum.*

N. 21. Lorsque ces livres sont anciens, *& ordinatâ serie conscripti, magnam præsumptionem facerent etiam pro dominis, quamvis aliàs non essent autentici ; imò etiam facerent, sub Judicis tamen arbitrio, semiplenam probationem.* Au nombre 22. Il dit la même chose du papier censier d'une Eglise: *Ille liber, de se præsumptivè vel semiplenè tantùm probat contrà extraneum.*

Enfin il dit nombre 23. *Si autem tales libri essent confecti per Officiales publicos ad hoc publicè superioris autoritate constitutos, statim pro publicis haberentur & plenam fidem facerent ; quod sanè intelligo in concernentibus officium dictorum Officialium.*

V. Prohet sur Auvergne, nouvelle édition de 1745. à Clermont-Ferrand, tom. 1. pag. 258. & suiv. où il y a une ample dissertation sur cette matiere.

PARISIS.

In fin. de ce mot, *ajoutez* : Chop. *de morib. Paris. lib.* 2. *tit.* 7. *n.* 28. Brod. sur Par. 76. n. 46.

PARTAGE.

Page 474. col. 1. n. 3. ligne 2. *l.* 44. *lisez* : *l.* 43.

Ibid. nomb. 6. *in fin. mettez l'addition suivante* :

Si l'un des co-heritiers a vendu sa portion indivise à une personne puissante, pour avoir le tout par licitation à vil prix, son Acquereur ne peut aussi demander partage, suivant la Loi 12. *de alienat. jud. mut. caus. fact.* qui est remplie d'équité, & doit par conséquent être observée parmi nous.

Ibid. col. 2. après le nomb. 7. *ajoutez les nomb. suiv.*

8. *Nomina ipso jure dividuntur, leg.* 2. §. 5. *leg.* 4. *leg.* 25. §. 1. *famil. ercisc. l.* 6. *cod. eod.*

9. Chose leguée sous condition peut être partagée avec sa cause, *leg.* 12. §. 2. *famil. ercisc.*

Ibid. 475. col. n. 12. *in fin. ajoutez* : *v. leg.* 4. §. 3. *leg.* 5. *leg.* 6. *fam. ercisc.*

Ibid. page 476. col. 1. n. 16. ligne 4. ne peut recevoir sans procuration, *lisez* : ne peut recevoir pour les autres sans procuration, &c.

Et *infr.* dudit nomb. 16. *ajoutez le n.* 17. *qui suit* :

17. En partage judiciaire le Juge ne doit rien laisser indivis, *leg.* 25. §. 20. *famil. ercisc. cùm totam causam debeat definire*, Acc. *in dict.* §. 20. *v.* Licitation.

Ibid. sect. 4. *infr.* du nombre 2. *ajoutez ce qui suit* :

Mais par rapport aux rentes dûes par le Roi, il n'y a point de garantie des faits du Prince, s'il n'y en a stipulation expresse, Bacq. du transport des rentes, ch. 3. n. 4. *v.* Garantie, n. 15.

PATERNA paternis &c.

Pag. 479. col. 1. *Troisiéme ordre. in fin.* du premier *a-lineâ, ajoutez ce qui suit* :

Arrêt du Samedy 27 Juillet 1748. au rapport de M. de Beze, en la quatriéme Chambre des Enquêtes, après un acte de notorieté ordonné par un précedent Arr. confirme la Sentence du Bailliage & Pairie de Segnelay, & juge en faveur d'Edme Jousfot & Consorts, contre Edmée Massacrie, Hubert Sourdilhac & Consorts, que la Coutume de Sens est Coutume de côté & ligne, non souchere ni de tronc commun.

PAYEMENT.

Page 481. col. 1. n. 1. *in fin. ajoutez*, *V. Fachin. lib.* 4. *cap.* 39.

Ibid. col. 2. n. 7. *in fin. ajoutez* : quant au Procureur *ad negotia*, *v.* Procureur, sect. 1. n. 11.

Ibid. page 482. *infr.* du nomb. 16. *mettez l'addition suivante :*

17. Quand il y a présomption de payement, *v.* Desp. nouv. édit. tom. 1. pag. 196. n. 10. où j'ai fait des additions; comme cancellation de l'original, si le créancier ne prouve manifestement que la dette lui est encore dûe, *l.* 24. *de probat.*

18. Débiteur de quantité sans spécifier la qualité ni bonté, peut payer de la pire, si c'est par obligation, *l.* 42. *Mandati. Secùs* en legs, *v.* Legs. De même l'obligation de deux sommes avec la particule alternative, *ou*, *l.* 83. §. 3. *& l.* 109. *de verb. oblig. l.* 10. §. *ult. de jur. dot.* §. 33. *Inst. de act.*

Payement se peut faire par autre que par le débiteur, pourvû que ce soit à sa décharge, *l.* 17. *C. de solut.* ou par son Procureur géneral ou spécial, *l.* 6. *de condict. indeb. l.* 87. *de solut.*

Quando creditor habet certum domicilium sub eodem foro, debitor tenetur tunc adire locum seu domicilium creditoris ; quia aliud est congruitas solutionis, aliud nova servitus seu perpetua qualitas, aut jus formatum exigendi in certo loco . . . nec delicatus debitor neque onerosus creditor audiatur, l. 25. *de pign. act. in fin. Ideò si sint in eâd. viciniâ, debitor etiam qui non est in morâ, debet adire domum creditoris, aliàs nimis delicatus esset ; si autem sint in loco remoto, debet creditor mittere ad debitorem, aliàs nimis onerosus esset, si vellet debitorem gravare novo sumptu . . . sed debitor qui vult consequi beneficium purgandi moram, debet regulariter creditorem adire.* Mol. §. 85. *gl.* 1. *n.* 104. *v. tit.* 4. *ff. & cod. De eo quod cert. loc. dar. oport. v.* Despeiss. tom. 1. part. 1. tit. 5. sect. 3. n. 21. *in fin.*

PEREMPTION.

Page 483. col. 1. lign. 4. & suiv. *Secùs* des Arrêts d'Audience, & des Sentences ou Arrêts de provision, *mettez* : ni les Arr. d'Audience, ni les Sentences ou Arrêts de provision, Arr. 11 Décembre 1609. Brod. P. 16.

Ibid. nomb. 14. *in fin. ajoutez :* Par Arrêt du Vendredy 6 May 1746. jugé qu'elle n'a lieu aux Requêtes du Palais lorsque la Cause est appointée, plaidans Mes. Badin & Bazin.

Ibid. nomb. 15. lignes 10 & 11. rendu en la cinquiéme Chambre des Enquêtes au rapport de M. Titon ; *lisez :* rendu en la Grand'Chambre au rapport de M. Pichon.

Ibid. page 484. nomb. 18. lig. 5. *Secùs* s'il y a eu contestation, plus. Ar. &c. *lisez :* s'il y a eu contestation ; elle ne périt que par trois ans, plus. Ar. &c.

Lignes 8 & 9. à la place du mot *Secùs*, *mettez :* Mais.

Et ligne 11. *après*, au-dessous, *ajoutez :* l'action, quoique non contestée, dure trois ans.

PERIL.

Page 484. col. 2. *in princip.* de ce mot ; *ajoutez ces renvois : v.* Estimation, n. 7. *v.* Prêt, *v.* Dépôt.

Et *infr.* de la lig. 4. *ajoutez ce qui suit :*

Periculum nominum ad eum cujus culpâ deterius factum probari potest, pertinet, leg. 35. *de red. cred.*

POSSESSION.

Page 488. *in princip.* de ce mot, *ajoutez : v.* Complainte.

Ibid. col. 2. *infr.* de la lig. 9. *ajoutez ce qui suit :*

4. Si quelqu'un se plaint d'avoir été expulsé violemment de sa possession, le Juge doit d'abord décider de la possession, *leg.* 37. *de judiciis, leg.* 1. *cod. de appellation.* car on ne peut pas sçavoir s'il a été fait violence au Possesseur, si l'on ne connoît auparavant s'il est Possesseur ou non, *Cujac. obs. lib.* 5. *cap.* 15. Fachin, *lib.* 8. *cap.* 7. *Secùs, cum de vi criminaliter agitur,* Godefroy, *ad leg.* 7. *cod. ad leg. Jul. de vi. v.* Complainte.

5. *Post litem contestatam omnes incipiunt malæ fidei possessores esse,* même en pétition d'hérédité, *post controversiam motam, leg.* 25. §. 7. *de hered. petit. leg.* 31. §. 3.

in fin. eod. v. Accurse, *in dict.* §. 7.

POSSESSOIRE.

Page 488. col. 2. *infr.* de ce mot, *ajoutez ce qui suit :*

Longè commodius est possidere, & adversarium ad onera petitoris compellere, quàm alio possidente petere, l. 24. *de rei vindic.*

PRESCRIPTION.

Page 491. col. 1. *infr.* de la ligne 2. *ajoutez : v.* Fachin, *lib.* 8. *cap.* 20. *v.* Complainte, n. 8.

Ibid. page 492. col. 1. ligne 14. *in fin. ajoutez :*

Tel est aussi l'usage.

Ibid. col. 2. *infr.* du n. 19. *mettez cette addition :*

20. La prescription de la créance d'un des heritiers contre le défunt, n'est pas interrompue par le décès dudit défunt, puisque suivant la Loi 1. *cod. de hereditar. act.* Il est en état d'en faire demande à ses coheritiers pour la portion dont ils sont tenus.

21. De la prescription d'une Ville contre une autre, *v. Fachin. lib.* 8. *cap.* 25.

Ibid. page 493. col. 1. lign. 5. après art. 1. *ajoutez ce qui suit :*

Mais Lorris *eod.* art. 2. admet la prescription de 40 ans contre le Vendeur, l'Obligé ou ses heritiers ; Lhoste, sur ledit article 1. lequel à cet égard renvoye au Droit commun.

Ibid. n. 3. lig. 18. après le mot, prescription, *ajoutez :* même immémoriale, Fachin, *lib.* 8. *cap.* 26.

Ibid. n. 3. *in fin. ajoutez :* & 14. *v.* Possession, n. 2.

Ibid. page 496. col. 1. n. 3. lig. 7. Rebuff. Cuj. *lisez :* Rebuff. *in tract. de mercator. gl. ult. n.* 18. & Cujas, *ad leg. ult. cod. de duob. reis.*

Ibid. col. 2. *in princip.* de la sect. 5. *ajoutez ce renvoi :*

V. Salaires, n. 1.

Ibid. page 497. sect. 6. ligne 3. ch. 93. *lisez :* ch. 13.

Ibid. pag. 498. col. 1. n. 3. *in fin. ajoutez :* Mais *quid* si la femme s'est fait séparer de biens.

PRESIDIAUX.

Page 498. *in fin.* de ce mot, *ajoutez ce qui suit :*

Judex qui ad certam summam judicare jussus est, etiam de re majori judicare potest, si inter litigatores conveniat, leg. 74. §. 1. *de judiciis.* Mais en ce cas, si c'est au-de-là du premier chef de l'Edit, ce ne sera qu'un Jugement arbitral sujet à l'appel.

Page 498. col. 2. avant le mot, PRETERITION, *mettez l'addition suivante :*

PREST.

SOMMAIRE.

SECT. I. *Du Prêt appellé* Mutuum.

SECT. II. *Du Prêt à usage appellé* Commodatum.

SECTION I.

Du Prêt appellé Mutuum.

V. Créancier, *v.* Interêts.

1. Celui qui prête doit être maître de la chose, *l.* 2. §. 4. *de reb. cred. si cert. petat.* sinon le prêt n'est valable, *l.* 13. §. 1. *eod.* Ainsi, Associé ne peut prêter l'argent commun sans le consentement de ses Associés, *l.* 16. *eod.* Et Larron ne peut valablement prêter l'argent dérobé, *l.* 13. *eod.*

2. Pupille ne peut valablement prêter sans l'autorité de son Tuteur, qui en ce cas, a droit de revendiquer les deniers, §. 2. *Instit. quid. mod. re contrah.*

3. Magistrats temporels, comme Gouverneurs & Intendans, ne peuvent prêter ès lieux où ils exercent, Rebuf. *in proem. Reg. Const. gl.* 5. *n.* 56. Bugn. *leg. abrog. lib.* 1. *cap.* 78. *contra l.* 33. *eod. l.* 3. & 16. *cod. si cert. pet.* Mais ils pouvoient emprunter, *l.* 34. §. 1. *eod.* pourvû que le Prêteur n'eût Procès devant eux, sinon ils étoient punis d'exil, *l. pen. cod. si cert. pet.*

4. En Pays de Droit écrit, femme qui employe

employe les deniers par elle empruntés aux affaires d'autrui, ou de son mari, au sçû du Prêteur, ne peut user du Velleïen, *l.* 13. *cod. ad Vellejan. Secùs*, si en empruntant elle intercede pour autrui, *l.* 12. *l.* 28. §. 1. *v.* Despeiss. tome 1. part. 1. tit. 5. sect. 1. n. 3. & part. 2. tit. 2. sect. 1. Mais pour les Pays de Droit écrit du ressort du Parlement de Paris, *v.* Autorisation.

5. Impubere qui emprunte sans l'autorité de son Tuteur, ne s'oblige, *l.* 59. *de oblig. & act.* & §. 1. *Instit. quib. mod. re contrah. oblig.* s'il n'en est devenu plus riche, *l.* 13. *in fin. de condict. indeb. l.* 1. *in fin. de novat.* & mineur de 25. ans peut être restitué, si le Prêteur ne prouve qu'il en a fait son profit, *v.* Despeiss. tome 1. part. 1. tit. 5. sect. 1. n. 5.

6. Quant au fils de famille, *v.* Macedonien.

7. Si Religieux pour emprunt s'oblige, ou le Convent, *v.* Despeiss. *eod.* nomb. 9. *v.* Communautés.

8. Prêt doit être réel, *l.* 1. §. 2. *de oblig. & act. & Inst. quib. mod. re contrah. oblig. in princ.* La chose doit consister en nombre, poids & mesure, *ibid.* & *l.* 2. §. 1. *de reb. cred.* Doit être fait propre à celui qui emprunte, *dict.* §. 2. *& dict. princ.* la même chose ne doit être rendue, mais d'autres de même nature & qualité, *l.* 2. *in princ. de reb. cred. l.* 1. §. 1. *de obl. & act. & Inst. in princ. quib. mod. re contrah. oblig.* & de même bonté, *l.* 3. *de reb. cred.*

9. Prêt à payer quand on sera Prêtre, mort ou marié, l'obligation est valable, *l.* 11. §. 1. *cod. de contrah. & committend. stipul.* Mayn. liv. 7. ch. 67. contre Bouvot, page 118. qu. 27. & l'on doit être condamné, l'un des tems étant arrivé, la Roche, liv. 6. ch. 69. Arr. 1. Belord. observat. liv. 2. part. 3. art. 1. Arr. 15. Février 1601. Carond. rep. liv. 10. ch. 68. Mais telles obligations devant être présumées usuraires, il les faut réduire au juste prix du prêt ou de la vente, quand il peut être connu, *rescissa aleatoriâ captione*, à quoi se trouve conforme l'Arrêt de Reglement du Parlement de Paris, cité par Loyseau, du Déguerpissement, livre 4. chap. 3. nomb. 13. *v.* Obligation, nomb. 9.

S'il est dit quand on pourra, ou quand on en aura le moyen, l'on doit payer quand il paroît qu'on est en état de le faire, *l.* 125. *de verb. oblig.* Arrêt 10 Février 1558. Carond. rep. liv. 9. ch. 46.

10. Obligation à plus grande somme que celle qui a été prêtée, ne vaut que pour ce qui a été reçu, *l.* 11. §. 1. *de reb. credit. l.* 17. *de pact. v.* Desp. tome 1. part. 1. tit. 5. sect. 3. n. 50.

Section II.

Du Prêt à usage, appellé Commodatum.

1. Prêt à usage se fait de chose meuble ou immeuble, *leg.* 1. §. 1. *commod.* non de chose qui se consume par l'usage, *l.* 3. §. *ult. eod.* s'il intervient loyer, ce n'est prêt à usage, mais louage, *l.* 5. §. 12. *eod.* & §. 3. *Instit. quib. mod. re contrah. oblig.* Autrement s'il n'est gratuit, c'est un contrat sans nom, §. 2. *Inst. de locat. l.* 17. §. 3. *de præscript. verb.* la chose ne peut être retirée qu'après la fin de l'usage, *l.* 17. §. 3. *commodati.* ou du tems prescrit, *dict.* §. 3. Le Commodataire ne s'en peut servir qu'à l'usage permis, §. 6. *Instit. de oblig. qu. ex delict.* autrement il est tenu de larcin, *dict.* §. 6.

2. Le Commodataire doit rendre le même corps, *l.* 1. §. 3. *de oblig. & act.* §. 2. *Inst. quib. mod. re contrah. oblig.* Le Commodant en retient la proprieté & possession, *dict.* §. 2. *& l.* 8. *& seq. commodat.* Ainsi le Commodataire ne peut prescrire la chose, *l.* 2. §. 1. *pro hered.* faute de la rendre en tems & lieu convenu, il est tenu d'indemniser le Commodant, eu égard au tems & au lieu, *l.* 5. *commod.*

3. La chose doit être rendue au Commodant, *l.* 15. *commodat.* même larron, *l.* 16. *eod. l.* 64. *de judic.*

4. Commodataire qui a reçu de l'argent pour rendre la chose, le doit restituer, *quia turpiter accepit*, *leg.* 5. *de tutel. & ration. distrahend.* ni la retenir sous pré-

texte de créance, *l. ult. cod. de commod.*

5. Dans presque tous les cas la preuve par Témoins du prêt à usage excedant la valeur de 100 liv. est admise, nonobstant l'article 2. du titre 20. de l'Ordonnance de 1667. & que le prêt à usage ne soit pas compris dans les articles 3 & 4 dudit titre 20. car il n'est ni d'usage, ni possible dans tous les cas, d'en faire des actes par écrit.

6. Fils de famille est tenu de cette action, *l.* 3. §. 4. *commod.* les heritiers en sont tenus, *l. pen. cod. de commod.* même des fruits perçus depuis que le Commodat a pris fin, *l.* 38. §. 10. *de usur.*

7. Commodataire doit le dommage de la déterioration, *l.* 3. §. 1. *commod.* suivant la valeur de la chose au tems du Jugement, pour la preuve de laquelle on admet le serment *in litem*, *dict. l.* 3. §. 2. *l.* 64. *de judic.* non-seulement s'il y a dol, nonobstant pacte contraire, *l.* 17. *eod.* ou faute légere, *l.* 10. *eod. & l.* 8. §. 3. *de precar.* ou très-légere, *l.* 5. §. 2. *eod.* Cujas, *ad l.* 23. *de divers. reg. jur.* car il est tenu de la garde, *l.* 3. §. 5. *commod.* avec autant de diligence qu'un très-diligent pere de famille en ses biens, *l.* 18. *eod.* tellement qu'il est tenu de la perte de la chose, quoiqu'un autre plus diligent eût pû la conserver, *l.* 1. § 3. *de oblig. & act.* §. 2. *Inst. quib. mod. re contrah. oblig.*

Il est même tenu de son dol & faute légere, quoique le commodat soit en faveur du Commodant, *l.* 18. *commod.*

Mais de droit, il n'est point tenu des cas fortuits, *l.* 5. §. 4. *eod. l.* 18. *eod. l.* 1. *cod. eod. &* §. 2. *Inst. quib. mod. re contrah. oblig. & l.* 3. *de oblig. & act.* ni du dommage causé par un tiers, *l.* 19. *eod.* ni de la mort du cheval dont il s'est servi à l'usage permis par le Commodant, *dict. l.* 5. §. 7. *& l. ult. eod.*

Le Commodataire est seulement tenu des cas fortuits lorsqu'il s'y est expressément obligé, *l.* 2. *cod. eod. v.* Fachin, *lib.* 2. *cap.* 70. ou si la chose a été estimée, & qu'il se soit obligé de rendre l'estimation, *dict. l.* 5. §. 3. ou s'il est en demeure ou en faute, ou s'il a laissé perdre la chose pour sauver les siennes, *dict. l.* 5. §. 4. ou s'il a donné lieu au cas fortuit, en usant de la chose ailleurs ou autrement qu'il ne devoit, *dict. l.* 5. §. 7. *dict. l.* 18. *commod. l.* 1. §. 3. *de oblig. & act. &* §. 2. *Inst. quib. mod. re contrah. oblig.* ou si la chose s'est perdue entre les mains du Porteur pour la rendre, *l.* 10. *& l.* 11. *commod.* quoique ce soit le même que le Commodant avoit envoyé pour avertir de rendre, *l.* 12. §. *un. eod.* quand même cet homme auroit faussement dit qu'il avoit charge de rapporter la chose, Accurse, *ad dict.* §. *un.*

Il en seroit autrement si le Commodant avoit envoyé un homme pour retirer la chose, *dict.* §. *un.* ou s'il avoit accoutumé de se fier à cet homme, *gl. eod.* ou si le Commodataire avoit renvoïé la chose par son Domestique reconnu fidele, & qu'elle lui eût été volée, sans qu'il y eût dol de sa part, *l.* 20. *commod.*

Le Commodataire n'est point tenu de la déterioration arrivée sans sa faute de la chose, en en usant dans l'usage destiné, *leg. ult. commodati.*

Il n'est tenu de sa faute très-légere, lorsque le commodat a été fait en faveur des deux, *l.* 18. *eod.*

Il n'est tenu que de son dol, lorsqu'il en a été ainsi convenu, *l.* 5. §. 10. *eod.* ou si le commodat a été fait au profit du Commodant, *leg.* 12. *eod.* ou s'il a prêté de son propre sans en être prié, *dict.* §. 10.

8. Heritier du Commodataire n'est tenu que pour la part dont il est heritier, *leg.* 3. §. 3. *eod.* mais il est tenu pour le tout, s'il a pû rendre le tout, & ne l'a fait, *dict.* §. 3. ou s'il a été convenu pour son fait, *leg.* 17. §. 2. *eod.*

9. Chacun des Commodataires n'est de droit tenu que pour sa part, non-seulement lorsqu'il a été ainsi convenu, *leg.* 21. §. 1. *eod.* Mais aussi lorsqu'il n'en a été rien convenu, *Nov.* 99. *cap.* 1. *& Auth. hoc jure. cod. de duob. reis.* contre la Loi 5. §. *ult. ff. commod. Secùs*, s'il est dit qu'ils en seront tenus

solidairement, contre ladite *Nov. 99. cap. 1. & dict. Auth.*

10. Le Commodataire peut opposer la compensation, *v.* Desp. tom. 1. part. 1. tit. 7. n. 4. ℣. 7°.

11. Celui qui a pris en commodat sa chose propre, n'est tenu de la rendre, *l. 15. depositi.*

12. Impuberes ne sont tenus de l'action en commodat à eux fait sans l'autorité de leur Tuteur, *leg.* 1. §. 2. *commod.* s'ils n'en sont devenus plus riches, *leg.* 3. *eod.* ou s'ils n'ont commis dol ou faute depuis leur puberté, *dict.* §. 2. ni le furieux, *leg.* 2. *eod.* seulement le Commodant peut revendiquer la chose, si elle existe, *dict. leg.* 2.

13. La chose étant retrouvée ou l'estimation, doit être rendue au Commodataire qui a été obligé d'en payer la valeur, *leg.* 21. *commod.* De même si elle a été volée ou perdue, *leg.* 17. §. *ult. eod.*

14. Commodataire qui rend la chose peut demander d'être indemnisé, *leg.* 17. §. 3. & *leg.* 18. §. *ult. eod.* pour guerison ou poursuite de l'animal qui étoit enfui, *leg.* 18. §. 2. non pour nourritures, *dict.* §. 2. ni pour aucunes dépenses modiques, *dict.* §. 2.

Il a même pour cela droit de retention, *leg.* 15. §. *ult.* & *leg.* 59. *de furt.*

Il doit aussi être indemnisé, lorsqu'on lui a prêté des vaisseaux gâtés, ou un animal vicieux, si le Commodant a sçû le vice, *leg.* 17. §. 3. *commod. leg.* 18. §. 3. *eod. Secùs* s'il l'a ignoré, *dict. leg.* 17. §. 3. *leg. pen. eod. leg.* 31. *de pignorat. act. leg.* 61. §. 6. *de furt.*

Pareillement il doit être indemnisé, s'il est contraint de rendre la chose avant l'usage fini, ou avant le tems fixé, *leg.* 17. §. 3. *commod.*

15. Le peril tombe sur le Commodataire qui a pris la chose estimée, & s'est obligé de rendre l'estimation, *leg.* 5. §. 3. *eod.*

PRISE A PARTIE.

Page 501. nomb. 1. *in fin. ajoutez ce qui suit :*

Judex tunc litem suam facere intelligitur, cùm dolo malo in fraudem legis sententiam dixerit. Dolo malo autem videtur hoc facere, si evidens arguatur ejus vel gratia, inimicitia, vel etiam sordes, ut veram æstimationem litis præstare cogatur, leg. 15. §. 1. *de judic. & ub. quisq.*

Ibid. infrà du nomb. 3. *ajoutez :*

4. Heritiers du Juge ne peuvent être pris à partie, *leg.* 16. *de judic. & ubi quisq.* Mais *v.* Calomnie.

PRIVILEGE.

Page 502. nombre 5. *in fin. ajoutez : V.* Par. 175 & 128.

PROCUREUR.

Page 503. col. 2. *in fin.* du nomb. 2. *ajoutez : v.* aussi *leg.* 11. *de negot. gest. v. infr.* n. 6.

Ibid. page 504. col. 1. *infr.* du nomb. 9. *ajoutez ce qui suit :*

10. Procureur pour vendre & louer, a pouvoir de recevoir, Fachin, *lib.* 2. *cap.* 93.

11. Celui qui paye au Procureur *ad negotia, continuò liberatur, l.* 6. §. 2. *de condict. indeb.* s'entend du Procureur *omnibus negotiis, l.* 34. §. 3. ou du Procureur spécial *ad hoc.*

Il en doit être de même du payement fait à celui qui a pouvoir de poursuivre la pleine & entiere exécution des titres de créance qui lui ont été mis entre les mains.

PROMESSE.

Page 507. col. 2. nomb. 1. *in fin. ajoutez :*

Promesse de vendre suivie de tradition & de payement du prix, vaut vente, Fachin, *lib.* 2. *cap.* 5.

PROPRES.

Page 510. col. 2. ligne 4. *après* sect. 2. n. 6. *ajoutez :* ou s'il n'est dit que l'action sera propre en tous cas & à tous effets.

Et ligne 5. *in fin. ajoutez : v.* Age, nomb. 5.

Ibid. page 512. col. 1. *infr.* de la lig. 7.

ajoutez le nombre 9. qui suit:

9. En cas de renonciation de la mere survivante à la communauté, la stipulation de propre au pere & aux siens de son côté & ligne, devient inutile & sans effet, à cause de la confusion du patrimoine du défunt pere avec les biens de la communauté.

Ibid. avant le mot, *Rente fonciere, Mettez l'addition suivante:*

Rentes sur les Aydes: Arrêt du Mercredy 6. Août 1724. juge que dans la conversion de ces rentes, y ayant déclaration dans les nouveaux contrats, qu'elles proviennent des anciens contrats, elles conservent leur qualité de propres, sans qu'il soit dit dans la déclaration qu'elles conservent la qualité de propres.

Cependant cela n'est pas conforme à l'usage constant nonobstant cet Arrêt, qui est de regarder ces rentes comme acquêts, quoiqu'elles proviennent des anciens contrats, lorsque ce ne sont pas les mêmes contrats, & qu'il en a été fait de nouveaux, parce qu'au premier cas la rente n'a point été remboursée; mais elle l'a été au second.

Page 513. col. 2. avant PROVISION, *mettez ce qui suit:*

PROTESTATION.

V. Actes d'heritier, n. 5.

PUISSANCE PATERNELLE.

Page 514. *in fin.* de la dern. ligne avant le sommaire, *ajoutez: v.* Boullen. qu. mixtes, qu. 20. page 424. & page 445. où il combat cet Arrêt, *v. inf.* sect. 2. n. 5.

Ibid. page 515. col. 2. *infr.* de la lig. 9. *ajoutez ce qui suit:*

C'est à present une grande question de sçavoir si le testament du fils de famille fait du consentement de son pere, avec la clause, que s'il ne vaut comme testament, il vaille par droit de codicile & de toute autre derniere volonté, peut valoir comme donation à cause de mort depuis que l'art. 3. de l'Ordonnance concernant les donations, a prohibé les donations pour cause de mort. Cette question étoit déja controversée avant l'Ordonnance des donations, *v. Fachin. controvers. lib. 5. cap.* 64. qui se détermine pour la validité d'un pareil testament par de puissantes raisons. Mais il paroît qu'à present son sentiment ne doit pas être suivi; car si la donation pour cause de mort expresse, faite par le fils de famille, du consentement de son pere, est nulle suivant cet article 3. de la nouvelle Ordonnance, à plus forte raison doit-on dire que la tacite faite du consentement du pere ne peut pas subsister.

Ibid. ligne 13. *in fin ajoutez: v.* Vente, sect. 1. nomb. 1.

Ibid. page 516. *in fin.* de la sect. 2. *ajoutez les nomb. suivans.*

6. La mere ou l'ayeule en instituant leur fils ou petit-fils, ne peuvent pas empêcher que le pere en puissance duquel il est, n'ait l'usufruit jusqu'à concurrence de la légitime, Fachin, *lib. 6. cap.* 21.

7. Le pere peut agir, défendre & constituer Procureur, *leg. 1. cod. de bon. matern. sed adhibito consensu filii*, s'il est adulte, *leg. ult.* §. 6. *cod. de bon. qu. liber.* Fachin, *lib. 6. cap.* 39.

8. Suivant ladite Loi 6. §. 4. & Fachin, *eod. cap.* 40. le pere de famille peut après les meubles, vendre les biens adventices, *sine decreto Prætoris*, pour payer les dettes. Mais suivant notre Jurisprudence, cela ne doit pas avoir lieu, si le fils de famille est mineur: Car l'aliénation des immeubles des mineur sans décret est nulle de plein droit, il y en a plusieurs Arrêts de Reglement du Parlement de Paris.

Ibid. sect. 3. nomb. 3. *in fine, ajoutez:* Fachin, *lib. 6. cap.* 38.

Ibid. page 517. col. 1. n. 12. ligne 5. des biens échûs, *lisez:* des biens adventices échûs.

Et lignes 6 & 7. *effacez:* Cuj. *cod. de bon. matern. in fin.* Godefroy, *ad leg. 3. cod. eod.* & *mettez à la place:* C'est-à-dire, de ceux qui lui sont échûs de la mere ou des ascendans maternels, ce qui s'appelle virile, *leg. 3. cod. de bon. matern.* Cuj. & Godef. *ad dict. leg.* 3.

Et *in fin.* de ce nomb. 12. *ajoutez*: Ce qui a lieu aussi à l'égard des petits-enfans *ex filio emancipato*, *v. dict. leg.* 3. *v.* Fachin, *lib.* 6. *cap.* 42.

Q

QUARTE.

PAGE 518. col. 1. nomb. 4. *in fin. mettez l'addition qui suit :*

Nota. L'Arrêt du 17. Mars 1612. est dans le cas d'une sœur de la Testatrice: A l'égard des descendans du Testateur, cela fait plus de difficulté, *v.* ma note sur Despeiss. tome 2. part. 1. titre 5. sect. 1. nomb. 3. Fachin, *lib.* 4. *cap.* 38. établit que le grevé ne perd point la Trébellianique faute d'inventaire, & *lib.* 6. *cap.* 33. il dit qu'il n'est pas nonplus privé des actions réelles : *Secùs* des actions personnelles contre l'hérédité, *quia confusio personarum non mutat causam rerum*, Cujac. *ad leg.* 38. §. *ult. de solut.*

Ibid. col. 2. *in fin.* du nomb. 6. *ajoutez*: *V.* l'art. 56. de l'Ordonn. de 1735.

Ibid. in fin. du n. 7. *ajoutez*: *V.* Fachin, *lib.* 5. *cap.* 7.

Ibid. page 519. col. 1. ligne 25. *in fin. ajoutez* : *v. verb.* Testament, l'Ordonnance de 1735. art. 60.

Et ligne 29. *in fin. ajoutez* : *v.* ledit art. 60.

Ibid. sect. 2. nomb. 1. ligne 3. *après*, fideicommis, *ajoutez* : c'est-à-dire, sans la déduire.

Ibid. page 520. col. 2. nomb. 11. *in fin. ajoutez ce qui suit*:

Secùs des fruits par lui perçus avant l'évenement du fideicommis, quoiqu'il distraye les deux quartes; sçavoir, la légitime & la Trébellianique, Fachin, *lib.* 5. *cap.* 9. *v. infr. n.* 12. quand même il feroit tenu de rendre l'hérédité à un étranger : *Ne melioris sint conditionis extranei quam filii Testatoris, quibus hereditas restituenda est*, Fachin, *ibid. cap.* 10.

Ibid. page 524. sect. 3. n. 2. lign. 5. *effacez* : ainsi il faut considerer, &c. *jusqu'à la fin dudit nombre* 2. *& substituez-y ce qui suit :*

Ainsi, le prélegs est imputé, pour ce que l'heritier prend pour droit héréditaire; c'est pourquoi il faut considerer s'il a sa quarte *hereditario jure* ou *legatorum nomine*: *Nam falcidia hereditario jure habenda est*, *leg.* 74. *ad leg. falcid. v.* Despeiss. n. 16. *v.* Fachin, *lib.* 5. *cap.* 15 & 16.

QUINT.

Page 524. *in princip.* de ce mot, *mettez cette division* :

SOMMAIRE.

SECT. I. *Du quint des puînés.*

SECT. II. *Du quint en vente de Fief.*

SECT. III. *De la réserve des quatre quints.*

SECTION I.

Du quint des puînés.

V. Aîné.

Page 525. col. 1. *inf.* du nomb. 4. *mettez l'addition suiv.*

SECTION II.

Du quint en vente de Fief.

V. Lods, *v.* Paris, 23.

1. Le quint denier du prix en vente de Fief, qui se paye au Seigneur du Fief dominant par l'Acquereur, est le droit le plus commun & ordinaire dans la France coutumiere. Mais il faut consulter chaque Coutume; il y en a où le quint & requint sont dûs. Le requint est le quint du quint.

2. Les droits de quint & requint se payent par l'Acquereur dans les Coutumes qui n'y obligent pas le Vendeur; & dans celles qui obligent le Vendeur à les payer, l'Acquereur en est tenu, quand au contrat de vente est portée la clause, *francs deniers au Vendeur*.

Mais dans les Coutumes qui obligent le

Vendeur à payer les droits, cela n'a point lieu dans les adjudications par décret forcé; c'est toujours l'Adjudicataire qui les doit. Du Moulin sur Senlis, 235.

SECTION III.

De la réserve des quatre quints.

V. Réserves coutumieres.

R

RAPPORT.

PAGE 528. col. 2. n. 1. *in fin. ajoutez:* *v.* Incompatibilité, n. 1.

Ibid. page 534. col. 2. lig. 3. *in fin. lisez:* *v.* Alimens, sect. 1. n. 1.

Ibid. col. 2. *in fin. ajoutez ce qui suit:*

12. Enfant venant à la succession, doit rapporter à la masse les deniers qu'il a empruntés à constitution, & il n'est pas recevable à offrir de continuer la rente pour la portion de ses co-heritiers; mais s'il renonce pour s'en tenir à son legs, même de sa légitime, il est en droit d'offrir de continuer la rente, déduction faite de la portion qu'il confond pour sa légitime, dont il est Légataire, en prenant sa portion en nature, des autres biens & effets, si mieux n'aiment les autres enfans Légataires universels, prendre d'autres rentes au même taux jusqu'à concurrence de l'excedent de sa légitime dans la rente qu'il doit, *v.* le Br. liv. 3. ch. 6. sect. 3. nomb. 17.

Page 537. col. 1. *infr.* de la ligne 5. *ajoutez ce qui suit :*

Le pere remarié ayant donné un conquêt de la seconde communauté à un enfant de son premier mariage, cet enfant du premier lit est obligé de rapporter à la seconde femme ou à ses heritiers la moitié du don avec les fruits du jour de la donation. Il en est de même des interêts d'une somme mobiliaire.

RECRIMINATION.

Page 541. col. 2. *in princip.* de ce mot, *ajoutez ce renvoi : v.* Accusation, nomb. 4.

RELIEF.

Page 545. col. 2. *infr.* du nomb. 15. *ajoutez le nombre 16. qui suit :*

16. Il n'est dû qu'un relief pour plusieurs mutations par mort en la même année, *v. infr.* sect. 2. n. 6.

Ibid. page 546. col. 1. *in fin.* du n. 1. *ajoutez ce qui suit :*

Arrêt du Mercredy 10 May 1747. au rapport de M. Severt, rendu au profit de la veuve de M. Morel, Président de la Cour des Aydes, contre le Marquis de Pont de Chavigny, dans la Coutume de Troyes, juge valables les offres faites avant partage par le frere aîné de relever la totalité du Fief, en son privé nom, & déclare la saisie féodale nulle.

Ibid. page 548. col. 2. nomb. 7. *in fin. ajoutez, v.* l'art. 56. du titre de l'Ordonn. du mois d'Août 1747.

REMPLOI.

Page 550. col. 1. nomb. 5. lig. 6. *après* chap. 19. *ajoutez :* quand même elle seroit mobiliaire.

Ibid. in fin. dudit nomb. 5. *mettez ce qui suit:*

Mais quoique mobiliaire n'entre dans le don mutuel entre mari & femme dans la Coutume de Paris & autres semblables, de Saligny sur Vitry, 113.

Ibid. in fin. du nomb. 6. *ajoutez :*

7. *Quid* si la donation par le futur de tout son mobilier à la future, en cas de survie, emporte les actions de remploi du mari?

RENONCIATION.

Page. 552. col. 1. à la place du n. 13. *substituez celui qui suit :*

13. Quoique la renonciation en faveur des freres soit faite en leur absence, elle a lieu, Ar. 3. Avril 1635. Henr. tom. 2. liv. 4. quest. 4. le Br. n. 18. *Secùs* au Parlement

de Toulouse, Maynard, liv. 4. chap. 21. & généralement en Pays régis par Droit écrit, le Brun, *eod.* Cependant, pour Auvergne, Pays du ressort du Parlement de Paris, par Arrêt du 3. Avril 1635. jugé que la renonciation à la succession des freres est valable en leur absence, Henrys tome 1. livre 4. question 106. indéfiniment, tant pour leurs acquêts que pour leurs propres, Arrêt 29. Juillet 1634. Vigier sur Angoum. 95. Arr. 31. Mars 1651. *J. Aud.* tome 1. livre 6. chapitre 3. Soef. tome 1. centurie 3. ch. 28. le Br. n. 18. & suiv. Ren. n. 22. Henrys tom. 1. liv. 4. quest. 106. rapporte aussi cet Arrêt en datte du 31 Mars, ensemble l'Arrêt précedent sur appointement au Conseil du 29. Mars 1650. avec le plaidoyer de M. Talon, Avocat Général; ce qui doit avoir lieu en Anjou, nonobstant l'article 241. le Brun, *eod. v.* Poitou, 221. *v.* Brodeau, R. 17. *Secùs* en Pays de Droit écrit, Mayn. *eod.*

Ibid. page 554. col. 2. nomb. 27. *in fin. ajoutez :*

V. aussi Despeiss. tome 2. part. 2. titre 1. nomb. 17. ℣°. *quinto*, & Catelan, liv. 2. chap. 20.

Ibid. page 555. *in princip.* de la sect. 2. *ajoutez ce renvoi* : *v.* Acte d'heritier, n. 1.

RENTES.

Page 558. *in princip.* de la sect. 2. *ajoutez ce renvoi* : *v.* Cens, n. 2. *v.* Faculté de rachat, n. 10.

Ibid. page 562. col. 2. n. 6. *in fin. ajoutez* : *v. infr.* n. 16.

Ibid. page 563. col. 2. nomb. 16. *in fin. mettez l'addition suivante* :

Quand même il y auroit clause dans le contrat de constitution, qu'en cas d'aliénation des biens hypotequés à la rente ou de partie d'iceux, elle seroit remboursée ; parce qu'en ce cas, l'hypoteque du créancier n'étant ni éteinte ni diminuée, au contraire le créancier ayant deux débiteurs pour un, cette clause doit être jugée illicite & contraire à la nature des contrats de constitution. Ainsi jugé par Arrêt du 13 May 1749. en la seconde Chamb. des Enquêtes, au rapport de M. Roussel, infirmatif de la Sentence de la Sénéchaussée de Moulins, entre M^e^. Fr. de Semetaire du Buisson & Consorts Appelans, & Charlotte & Marie Deschamps, Intimées; & a prononcé, sans qu'il soit besoin de Lettres de rescision.

REPARATIONS.

Page 564. col. 1. *in fin.* du nomb. 3. *ajoutez :*

Dans l'usage, l'Usufruitier n'est tenu des réfections entieres des cheminées & escaliers.

Ibid. infr. du nombre 5. *ajoutez ce qui suit :*

6. Les réparations faites par un Fermier judiciaire d'autorité spéciale de Justice, ou jusqu'à concurrence de ce qui est porté par les Reglemens de la Cour, suivant les devis, leur sont allouées sur les quittances des Ouvriers, passées devant Notaires, sans qu'il soit besoin de Procès-verbal de réception.

7. Réparations d'un chemin dans un Village doivent être faites tant par le Seigneur que par les Habitans à frais communs, Arrêt du 21. May 1686. *J. Aud.*

REPETITION.

Page 564. n. 2. lig. 5. après *fuerit*, *ajoutez* : c'est-à-dire, quoiqu'il ne fût rien dû.

Et col. 2. à la fin dudit nomb. 2. *ajoutez:*

Secùs, si ce qui a été payé, l'a été pour cause de transaction qui n'a existé ou a été résolue, *leg.* 23. *eod.*

Ibid. col. 2. nomb. 3. *in fin. ajoutez ce qui suit :*

Ce qui doit s'entendre, lorsque celui qui a reçu l'argent pour cause, s'étoit mis en devoir de l'exécuter avant le cas fortuit, & avoit à cet effet, fait des préparatifs & dépenses aussi fortes que l'argent reçu, ou plus fortes, sinon l'équité veut que la répetition ait lieu de ce qui reste, déduction faite de ce qui a été dépensé pour ces préparatifs, suivant la Loi 5. *de condict. caus. dat. caus. non secut.*

Ainsi, en contrats innommés, si les choses sont entieres, ou si l'un a commencé quelque chose, & qu'ensuite il ait été obligé de cesser par le fait d'un tiers, ou par cas fortuit; l'autre qui a accompli la convention de sa part, peut changer de sentiment, & exercer la répetition contre le premier, en l'indemnisant de sa dépense, *dict. l.* 5. §. 1 *&* 2. Bartole, *ibid. v.* Contrat, n. 16.

Ibid. n. 4. lig. 8. *après* répetition, *ajoutez:* *Leg.* 1. §. 2. *de condict. ob turp. caus.*

Ibid. n. 6. lig. 4. *après* de fait, *ajoutez* :

C'est ainsi qu'il faut entendre la Loi 7. *eod.*

Et ligne derniere, après *J. Aud. mettez* : Quand même il s'agiroit d'erreur dans son propre fait, *leg.* 29. *eod.*

Ibid. nomb. 7. *in fin. mettez l'addition qui suit*:

Il y a aussi lieu à la répetition, *si post longum tempus emerserit æs alienum*, *l.* 2. §. 1. *de condict. indeb.* De même si dans la suite le testament se trouve faux, ou est rompu, *dict.* §. 1. La Loi 3. *eod.* dit que la répetition n'a lieu contre le Possesseur de bonne foi, que *in quantùm locupletior factus est.* Mais il faut dire que les Possesseurs de bonne foi, *eatenùs locupletiores factos*, *quatenùs acceperunt*, *leg.* 25. §. 11. *de petit. hered.*

Mais le peril de la répetition ne tombe pas sur celui *qui sine culpâ solvit*, *dict. l.* 3. *de condict. indeb. in fin.* Il en est de même du mineur qui après avoir payé les legs, s'est fait restituer contre son adition, car ce peril de la répetition tombe sur celui à qui appartiennent les biens, *l.* 5. *eod. v. l.* 6. §. 1. *de reb. aut. judic. v.* Restitution, section 1. nomb. 11.

8. Obligation naturelle empêche la répetition de ce qui a été payé, *l.* 13. *de condict. indeb.*

9. Ce qui est dû sous condition, étant payé par erreur avant l'évenement de la condition, est sujet à répetition, *l.* 16. *eod.* s'entend de condition incertaine, car si elle doit absolument arriver, il n'y a lieu à la répetition, *leg.* 18. *eod. ut in l.* 17. *eod.*

10. *Indebitum etiam consideratur ex parte solventis*: *l.* 18. §. 6. *eod.* s'entend lorsqu'on paye par erreur en son propre nom, ce qu'un autre doit, croyant le devoir soi-même, auquel cas il y a lieu à la répetition, *l.* 31. *de pecun. const.* & la Loi 44. *eod.* qui porte que : *Repetitio nulla est ab eo qui suum recepit, tametsi ab alio, quàm à vero debitore solutum est*, s'entend quand on paye au nom du débiteur, *gl. ad dict. l.* 44.

11. *Qui promisit sine causâ, condicere potest ipsam obligationem*, *leg.* 1. *de condict. sin. caus.*

12. L'action de larcin a lieu contre les heritiers, *l.* 7. §. 2. *de condict. furt.* & si la chose n'existe plus, l'estimation s'en fait eu égard au tems, *quo res unquàm plurimi fuit*, *l.* 8. §. 1. *eod.* s'entend depuis le vol, *gl. ibid.* avec interêts, §. 2. *eod. semper enim moram fur facere videtur*, *dict.* §. 1. Si le larcin est parvenu à tous ils sont tenus *pro parte*; si à un seul il est tenu *in solidum*, *l.* 9. *eod.* Les autres actions qui naissent *ex delicto* ne sont pas données contre l'heritier, *nisi quatenùs ad eum pervenit*, Cujas, *ad tit. cod. ex dol. defunct. in qu. her. conven.*

Page 564. col. 2. avant REPRESENTATION, *ajoutez ce qui suit* :

REPRESAILLES.

Lettres de représailles, *v.* Despeiss. nouv. édit. tom. 1. pag. 198. n. 17.

REPRESENTATION.

Page 565. col. 1. nomb. 3. *in fin. ajoutez :*

Mais *v.* l'art. 21. du tit. 1. de l'Ordonn. de 1747.

Ibid. page 568. col. 1. lign. 1. Xaintes, *lisez*: Xaintonges, ressort de Saint-Jean d'Angely.

REQUESTE CIVILE.

Page 569. col. 1. nombre 4. ligne dern. tit. 25. *lisez*: tit. 35.

Ibid.

Ibid. nombre 5. *in fin. ajoutez* : Mais *v.* Ordonn. de 1667. tit. 35. art. 34.

RESERVES COUTUMIERES.

Page 569. *in princip.* de ce mot, *ajoutez ces renvois* :

V. Exhérédation, part. 1. sect. 5. n. 4. *v.* Institution contractuelle.

Ibid. col. 2. n. 2. *in fin. ajoutez* :

V. Ric. *eod.* Ren. des propres, ch. 4. sect. 6. & ch. 6. sect. 2. le Br. des succ. liv. 2. ch. 1. n. 60.

Ibid. page 570. col. 1. nomb. 5. *in fin. mettez l'addition qui suit* :

Nota 1°. Cet Arrêt de 1631. ne juge rien du tout; les heritiers maternels qui étoient restraints aux quatre quints des propres de leur ligne, étoient bien fondés à reclamer les réserves coutumieres, & n'étoient pas tenus d'indemniser, puisqu'ils ne possedoient aucuns biens disponibles; les parens de l'autre ligne ne pouvoient pas non plus être chargés de cette indemnité, & l'observation que fait Dufresne d'un corps certain, n'est d'aucune consideration.

Nota 2°. L'on cite un Arrêt de 1746. qui a jugé pour la récompense : Mais sans doute que l'heritier des réserves coutumieres se trouvoit indemnisé par des biens disponibles qui lui étoient laissés.

Ibid. page 571. col. 1. *infr.* du nomb. 7. *ajoutez ce qui suit* :

Et si les meubles & acquêts sont considérables, qu'il n'y ait point de legs universel, mais quelques legs particuliers en argent, l'on demande si l'heritier des propres d'une ligne, qui comme plus proche succede aux meubles & acquêts, peut obliger l'heritier des propres de l'autre ligne à contribuer au payement de ces legs particuliers sur tous les propres, ou seulement sur les quatre quints, *v.* le Brun des successions, livre 4. chapitre 4. section 4. nombre 13. qui tient pour la contribution sur tous les propres, *sed malè*; *v.* Duplessis & Renusson, des propres.

Ibid. nomb. 11. ligne 2. *après* réserves coutumieres, *ajoutez* : dans chaque Coutume.

RESTITUTION.

Page 575. col. 1. lign. 10. *in fin. ajoutez* : par le mineur.

Ibid. col. 2. à la fin du nombre 16. *ajoutez* : *v. infr.* sect. 2. n. 24. *v.* Accessoire, n. 1. *in fin.*

Ibid. sect. 2. nomb. 1. ligne 12. après *affectionis*, mettez, *quod majorum ejus fuisset, leg.* 35. *de minorib.*

Et ligne 13. *in fin. ajoutez* : *v.* Caution, sect. 4.

Ibid. page 576. col. 1. nomb. 2. *in fin. ajoutez* : *v. leg.* 32. §. 4. *&* 5. *de admin. & peric. tut.*

Ibid. page 577. col. 1. nomb. 6. lig. 3. après *versum sit*, *mettez* : Fachin, *lib.* 2. *cap.* 46. *v. leg.* 32. §. 4 *&* 7. *de admin. & peric. tut.*

Ibid. page 578. col. 1. nomb. 15. *in fin. ajoutez ce qui suit* :

Cependant, si le mineur étoit considerablement lesé en quelqu'acte qui concernât seulement son mobilier, il seroit restitué, quoiqu'émancipé. C'est l'avis de Carondas sur le Cod. Henry, liv. 6. titre 22. article 3. qui est conforme à l'article 134. de l'Ordonnance de 1539. *v. supr.* section 1. nomb. 2.

Ibid. col. 2. ligne 7. *in fin. ajoutez* :

V. Desp. tome 2. part. 3. tit. 1. sect. 1. nomb. 17. ℣. 4.

Ibid. page 579. col. 1. *infrà* de la ligne 4. *ajoutez* :

La regle générale est que, quand un mineur ratifie en majorité ce qu'il a fait en minorité, il n'est point restitué; parce que par cette ratification il est censé avoir renoncé à la restitution en entier, & avoir remis son action, *leg.* 2. *cod. si maj. fact. rat. hab.* Ce qui s'entend lorsque la ratification a été faite en connoissance de cause, *& extrà dolum, leg.* 35. *de pact.*

L'exception est lorsque ce qui a été fait en majorité, n'a été fait que par une suite & conséquence de ce qui avoit été fait en minorité, & par une espece de néceſſité. Par exemple, quand un mineur qui s'étoit immiſcé dans l'hérédité du pere, étant devenu majeur a exigé de quelques débiteurs d'icelle ce qu'ils devoient, où a continué d'adminiſtrer les biens; en ce cas, *initio inſpecto*, comme il eſt dit en la Loi 3. §. 2. *ff. de minorib.* il y a lieu à la reſtitution, parce que ce mineur devenu majeur n'eſt pas cenſé avoir exigé les dettes & continué l'adminiſtration pour ratifier ſon immixtion; mais par une eſpece de néceſſité, attendu que celui qui eſt en poſſeſſion réelle d'une hérédité eſt tenu des pertes qui arrivent pendant ſa geſtion.

Ibid. page 579. col. 2. n. 22. *in fin. ajoutez* : *v. leg.* 41. *de minor.*

Ibid. infr. du nombre 23. *mettez l'addition ſuivante*:

24. Tuteur qui s'eſt obligé en ſon nom, pour affaire de ſon mineur, eſt tenu de la dette perſonnellement, quoique le mineur renonce enſuite à la ſucceſſion de ſon pere, *l.* 39. §. 4. *de adm. & peric. tut.* Mais en ce cas, les Fidejuſſeurs profitent de la reſtitution du mineur, *l.* 2. §. 1. *eod. v. ſupr.* ſect. 1. n. 16.

25. Mineur accuſateur n'eſt point reſtitué contre ſon déſiſtement, ou le traité qu'il a fait; ni s'il a omis d'intenter l'action d'injures dans l'an : *Auxilium in integrum reſtitutionis in excedentibus pœnarum paratum non eſt, ideòque injuriarum judicium ſemel omiſſum, repeti non poteſt, leg.* 37. *de minorib.*

Ibid. page 581. col. 2. n. 4. *in fin. ajoutez*: D'ailleurs Mornac *ad dict. leg.* 22. remarque qu'elle ne s'entend que d'une maiſon privée.

Ibid. page 582. n. 7. ligne 4. après 10. *ajoutez* : *v.* Fachin, *lib.* 2. *cap.* 96.

RETARDEMENT.

Page 583. col. 1. nomb. 7. *in fin. ajoutez ce qui ſuit*: *v.* Fachin, *lib.* 8. *cap.* 99 & 101.

8. Débiteur d'une eſpece, qui eſt en demeure, eſt tenu de l'eſtimation au plus haut prix, *l.* 22. *de reb. cred. l.* 3. §. 3. *cod. de act. empti.*

9. Il y a demeure réguliere, lorſque le débiteur a été interpellé : & demeure irréguliere, lorſque l'un a délivré ce qu'il s'étoit engagé de fournir; en ce cas, l'autre eſt en demeure irréguliere. En l'un & l'autre cas, le débiteur n'eſt point tenu *rei interitu, l. ult. de condict. dat. cauſ.* Fachin, *lib.* 2. *cap.* 72. & *lib.* 8. *cap.* 101.

10. La difficulté n'excuſe le débiteur de ſa demeure, Fachin, *lib.* 2. *cap.* 91.

RETRAIT FEODAL.

Page 583. col. 2. *infr.* du nomb. 4. *ajoutez* :

5. Il eſt au choix de l'Acquereur de diviſer ſon contrat, d'en retenir une partie ou d'obliger le Seigneur qui veut retraire de prendre le tout, Bretonn. ſur Henr. tome 2. plaid. 19. *Secùs* en Pays coutumier, *v. infr.* n. 11.

Ibid. page 584. col. 2. nomb. 7. lig. 9. après Mol. *ajoutez* : §. 1. *gl.* 1. *n.* 20 & 21. &

Et *infr.* de la ligne 11. *mettez l'addition qui ſuit*:

Le Procureur Fiſcal ne peut ſans pouvoir ſpécial, agir contre le Vaſſal pour exhiber ſon titre d'acquiſition, payer les droits dûs & admettre en foi; & une telle admiſſion en foi du conſentement du Procureur Fiſcal, ſans aucun pouvoir ſpécial faite par le Juge Seigneurial, ne peut en aucune façon préjudicier au Seigneur quant au retrait féodal, ou autres Droits Seigneuriaux. Ainſi jugé en la Grand'Chambre par Arrêt du 13. Mars 1717. pour le retrait féodal du lieu de Courtouſſaint & ſes dépendances, en la Coutume du Maine, intenté par Marie-Anne de Bourbon, Princeſſe du Sang, premiere douairiere de Conty, contre J. B. Thomas, Comte de Monteſſon, Seigneur de Douillet & de Saint-Aubin, rapporté par M. Raſſicod en ſes notes & reſtitutions ſur Dumoulin, pages 7 & 8.

RETRAIT LIGNAGER.

Page 587. col. 1. *in fin.* du nombre 8. *ajoutez :*

Pareil Arrêt du 23. Août 1731. sur appointement avisé au Parquet par M. Gilbert, lors Avocat Général, & depuis Conseiller d'Etat, plaidans, Mes. Bajot, Sarrasin, & Cousin.

Ibid. page 590. col. 1. n. 12. ligne 10. Mais n'a lieu, *lisez :* Mais retrait n'a lieu, &c.

Ibid. ligne 13. De même quand &c. *lisez :* l'Acquereur a aussi le choix quand &c.

Ibid. page 590. col. 2. *in fin.* du n. 12. *ajoutez :*

Ainsi, si l'Acquereur opte de délaisser le tout, le Retrayant est tenu *aut in totum agnoscere, aut à toto recedere, leg.* 16. *de admin. & peric. tut.*

Ibid. pag. 594. col. 2. *verb. Exécution du retrait*, ligne 7. lui, *lisez :* l'un.

Ibid. page 595. col. 1. *infrà* de la ligne 2. *ajoutez :*

Faculté de rachat, *v. infrà*, hic, *Remeré.*

Ibid. page 599. col. 2. *infr.* du nomb. 13. *ajoutez :*

Peremption, *v.* Peremption.

Ibid. page 601. col. 1. *verb. Préference*, nomb. 1. *in fin. ajoutez:* Mais *v.* Maine, 379, & autres.

Ibid. page 605. col. 1. lig. 1. *in fin. ajoutez :*

Si la Coutume n'en contient disposition expresse.

Page 607. col. 2. *infr.* du mot : REVENDERESSE, *ajoutez ce qui suit :*

REVENDICATION.

V. Eviction.

1. Si celui qui a été condamné de restituer une chose, l'a en sa possession, & refuse de la rendre, on peut la lui faire enlever & la revendiquer par autorité de Justice, & le faire condamner à la restitution de tous les fruits & émolumens. S'il a cessé de la posseder par dol, le Juge doit déferer au Demandeur le serment *in litem*, *v.* Serment; & s'il a cessé de la posseder sans dol, il ne doit que l'estimation. Regle générale dans les revendications, *leg.* 68. *de rei vindic. v.* Accurse & Godefroy sur cette Loi.

REUNION.

Page 609. col. 2. n. 1. ligne 10. *après* nomb. 60. & suiv. *ajoutez :* Arrêt du 9 May 1748, sur les conclusions de M. Joly de Fleury, Avocat Général sur la Coutume de Troyes, qui est muette.

S

SAISIE & ARREST.

PAGE 611. *infr.* de la lig. 4. de ce mot, *mettez l'addition suivante :*

1. La saisie-arrêt se fait par le créancier entre les mains du Dépositaire ou débiteur de son débiteur, sans qu'il soit besoin de commandement préalable.

Quand le créancier a un titre paré, il n'a pas besoin de la permission du Juge; s'il n'est créancier que par billet non reconnu il doit obtenir l'Ordonnance du Juge qui lui permet d'assigner, & cependant saisir & arrêter : Mais sans billet il ne le peut, sauf la saisie gagerie accordée aux Bourgeois de Paris, sur les Locataires & les biens des débiteurs Forains trouvés dans la Ville, quoiqu'il n'y ait obligation ni cédule, *v.* Paris, 161 & 173. & les art. 86 & 163. pour les cens & pour les rentes; cependant le Juge peut permettre la saisie-arrêt sans billet lorsqu'il s'agit d'une somme de cent livres & au-dessus; l'on peut même faire un simple empêchement ou opposition entre les mains du débiteur sans Ordonnance du Juge.

2. On peut saisir & arrêter les gages des Officiers de finance; non ceux de judicature, ni ceux des Prevôts des Maréchaux, Lieutenans & Archers, ni ceux des Offi-

ciers de la Maiſon du Roi, Ordonnances de 1551. 1561. & 1567. excepté pour achat de chevaux, ou harnois de guerre, ou pour vivres à eux fournis en garniſon, ou quand ils ont conſenti le payement ſur leurs gages. En ce cas on n'aſſigne point le Tréſorier ou Payeur; mais le Jugement qui intervient contre le débiteur, ordonne qu'à payer ſera le Tréſorier ou Payeur contraint de payer par les voyes qu'il y eſt obligé.

3. L'on peut auſſi ſaiſir & arrêter ſans Ordonnance du Juge, les Cochers & caroſſes pour délits ou quaſi délits en courant dans les rues, Arrêt 12. Décembre 1541. Car. ſur Par. 160.

SAISIE EXECUTION.

V. L'Ordonnance de 1667. tit. 33.

1. Il faut un titre paré & une expédition en forme.

2. Doit être précedée de commandement ou ſommation de payer, Ord. 1539. art. 74. *leg.* 10. *cod. de pign. & hypot.*

3. Si l'Huiſſier refuſe le Gardien qui ſe preſente, l'on fait un referé devant le Juge des lieux; mais ſi le Gardien accepté par l'Huiſſier peut paſſer pour ſolvable, il n'en eſt point garant.

4. Si les meubles periſſent depuis la ſaiſie, la perte tombe ſur le débiteur ſaiſi, *quia res perit Domino*, *leg.* 9. *cod. de pign. act.* à moins que la ſaiſie ne ſoit inutile, Chop. ſur Par. *lib.* 3. *tit.* 3. *n.* 5.

Page 612. *avant* SAISIE RE'ELLE, *mettez l'addition qui ſuit:*

SAISIE GAGERIE.

Il y a ſaiſie gagerie pour loyers de maiſon, pour rentes foncieres & pour le cens; & ſe font ſans tranſport de meubles, ni commandement préalable.

1. Pour loyers, *v.* Paris, 161. & 162. Quoique l'article 161. ne parle que du Proprietaire, ce droit eſt accordé au principal Locataire, & à tout Uſufruitier, M. le Camus, ſur cet article, nomb. 2. même ſans permiſſion du Juge, Auz. & Dupleſſ. *eod.* Orleans, 414. Nivern. chapitre 42. art. 18. contre Brodeau *eod.* nomb. 9. qui eſtime que ce droit n'eſt accordé au principal Locataire, s'il n'eſt fondé en bail paſſé pardevant Notaires; car en ce cas il auroit la voye de la ſaiſie exécution.

Ce droit appartient à tous les Proprietaires de maiſons ſituées dans la Prevôté & Vicomté de Paris.

Cette gagerie pour loyers n'eſt point reſtrainte à quelques termes; mais ne ſe peut faire que ſur les meubles meublans, Auzanet, *eod.* mais non ſur ceux qui ont été prêtés, loués ou mis en dépôt; car l'art. 161. dit, *appartenans* au Locataire.

Et s'il n'y a bail ou permiſſion du Juge, le Sergent ne peut contraindre le Locataire d'ouvrir ſes coffres & armoires, & ſes chambres; & même un Commiſſaire ne peut pas s'y tranſporter ſans permiſſion du Juge.

Les meubles des ſous-Locataires peuvent être ſaiſis, mais ils leur ſeront rendus en payant le loyer de leur occupation, Paris 162. Dr. com. Brod. ſur cet art. Coq. Nivern. tit. 32. art. 16. ce qui doit s'entendre s'ils n'ont payé au principal Locataire, contre Brodeau ſur ledit article, nombre 3. Il doit même être obſervé dans la Coutume d'Orleans, quoique contraire, *v.* l'article 408. de cette Coutume, & même l'uſage eſt de faire ſeulement une ſaiſie-arrêt entre les mains des ſous-Locataires.

2. Pour rentes, *v.* Paris 163. La ſaiſie gagerie n'a lieu que pour rentes foncieres ſur maiſons ſiſes en la Ville & Fauxbourgs de Paris ſeulement, Brodeau ſur cet article, nombre 1. Dupleſſ. *eod.* & elle ſe peut faire ſans permiſſion du Juge, contre Brodeau, nombre 5. mais pour trois termes ſeulement, *v.* ledit article 163. quand même la rente ne ſeroit payable qu'en un ſeul payement par chaque année, Carond. *eod.* Brod. *eod.* nomb. 4. art. 317. Ainſi, le débiteur offrant trois termes, doit avoir main-levée.

Ces termes de l'art. 163. *ſur les meubles étant en ladite maiſon, appartenans au Détenteur & Proprietaire*, ne s'entendent d'un tiers Détenteur non chargé de la rente ou qui n'a passé titre nouvel, en déguerpissant avant contestation en cause, suivant Paris 102. mais ils s'entendent du Preneur ou de ses heritiers, quoique ceux-ci n'ayent pas encore passé titre nouveau, Carondas, *eod.* nomb. 2. Auzanet & Duplessf. sur ledit art. 163.

Mais cet article est peu en usage & inutile.

3. Pour cens, *v.* Par. 86. La saisie gagerie n'a lieu que sur les maisons de la Ville & banlieue de Paris, c'est-à-dire, aux environs d'une lieue, & pour trois années & au-dessous: & se peut faire sans commandement préalable, Mol. Paris, §. 63. n. 11. Brodeau sur cet article, nomb. 7. non sans permission du Juge, Mol. *eod.* §. 63. nombre 7. *& seq.* & nombre 16. *in fin.* Chopin sur Paris, *lib.* 1. *tit.* 3. *n.* 4. Bacq. des Droits de Justice chapitre 3. nombre 6. & chapitre 21. nomb. 182. Loyseau des Seign. livre 10. nomb. 46. *in fin.* Carond. & Tournet sur ledit art. 163.

4. Sur les biens des débiteurs forains trouvés à Paris, *v.* Paris 173. C'est un privilege accordé par nos Rois aux Bourgeois de la Ville & Fauxbourgs de Paris, c'est-à-dire, qui y ont leur domicile, de pouvoir proceder par la voye d'Arrêt sur les biens des débiteurs Forains trouvés en lad. Ville, quoiqu'ils n'ayent ni obligation, ni cédule, ni reconnoissance.

Il y a encore plusieurs autres Villes d'arrêt dans le Royaume, même d'arrêt des personnes; à quoi l'Ordonnance de 1667. n'a point dérogé, mais en a fait une exception au tit. 34. article 5. *v.* aussi titre 11. art. 11. *v.* la table du Coutumier général.

Débiteurs Forains s'entendent de ceux qui demeurent hors de la Coutume, Brod. sur Par. 173. n. 7. contre Carondas. Mais *v.* Buridan sur Reims 407. & Lalande sur Orleans, 442.

Cet arrêt se fait sans commandement préalable, ni permission de Juge.

Enfin, il n'y a que le Prevôt de Paris qui en connoisse, Paris 174. Ainsi, le committimus n'a pas lieu à cet égard.

SALAIRES.

Page 613. col. 1. *in fin.* de ce mot, *ajoutez ce qui suit*:

3. Maître qui a fait un billet à son Domestique pour gages, où il a pris terme pour payer, doit être condamné sans délai. De même du salaire des mercenaires; à cause de l'autorité que le Maître a sur eux, & de la faveur de telle créance.

SCELLE'.

Page 613. nomb. 1. *in fin. ajoutez*: *v.* art. 18 & 56. du Reglement de Juillet 1665. *v.* aussi l'Arrêt de Reglement du 12. Janv. 1666. & le Reglement du 3. Sept. 1667.

SEPARATION.

Page 614. col. 1. *rectifiez ainsi le nombre* 2.

2. Se fait par Justice, *quando maritus neque finem neque modum expensarum habet, argum. l.* 1. *de curat. furios. ex quo evidentissimè apparuerit mariti facultates ad dotis exactionem non sufficere, l.* 24. *sol. matr. Ubi maritus ad inopiam sit deductus, l.* 29. *cod. de jur. dot. si inchoaverit malè substantiâ uti, Nov.* 97. *cap.* 6. Ren. nomb. 3. ou quand il est imbecile & incapable de gouverner son bien, Ren. nomb. 4.

Ibid. page 614. col. 2. n. 9. ligne 10. *in fin. ajoutez*: Mais après l'information il faut la convertir en enquête: Ainsi l'on peut commencer par la voye civile.

Ibid. page 617. col. 2. *infr.* du nomb. 8. *ajoutez*:

9. Séparation de biens peut être demandée par celui qui a dépensé quelque chose pour les funerailles du défunt; *nam qui propter funus aliquid impendit, cùm defuncto contrahere creditur, non cùm heredes, l.* 1. *de rel. & sumpt. funer.*

SEPULCHRE.

Page 617. col. 2. nomb. 1. *in fin. ajou-*

tez : *v. leg.* 6. *de relig. & sumpt. fun.* Mais il faut distinguer s'il a été stipulé pour la famille, ou pour celui qui a stipulé, & ses heritiers.

Ibid. nomb. 2. lig. dern. *l.* 33. *eod. lisez : l.* 33. *ff. eod.*

Ibid. page 618. col. 1. *infr.* de la ligne 5. *ajoutez ce qui suit :*

Sumptus funeris arbitrantur pro facultatibus vel dignitate defuncti, leg. 12. §. 5. *de relig. & sumpt. fun.* selon l'arbitrage du Juge, §. 6. *eod. v.* Frais funeraires ; on ne peut repeter ce qui a été de trop dépensé, *leg.* 7. §. 6. *eod.*

6. *De suo expedit mortuos funerari*, §. 13. *eod. leg.* 45. *eod.*

7. Si le fils de famille a pécule & a institué un heritier, celui-ci doit payer ses frais funeraires avant le pere, *gloss. ad leg.* 31. *eod.*

8. Frais funeraires d'un défunt comprennent tout ce qui a été dépensé à cause du corps avant de l'inhumer, *leg.* 37. *eod.*

9. Défendu d'inhumer une femme qui est morte en couche, sans avoir tiré le part par incision, *leg.* 2. *de mort. inferend.*

10. *Longa possessio jus sepulchri non tribuit ei, cui jure non competit, leg.* 4. *eod. Nec longissima, gloss. ad dict. leg.* 4.

SERMENT.

Page 618. ligne 2. après la citation de Desp. *mettez à-lineâ ce qui suit :*

Ceux qui peuvent le déferer ou non, *v. leg.* 17. §. 1. 2 & 3. *de jur. jur. & leg.* 18. 19. 32 & 34. §. 1 & 2. & *leg.* 35. *eod.*

Ibid. n. 1. *in fin. ajoutez : Secùs, si actor plenè probaverit, cap.* 2. *extrà, de probat.*

Ibid. nombre 4. *in fine, ajoutez ce qui suit :*

Sur quoi il faut observer que le serment *in litem* se peut déferer de deux manieres, sçavoir, 1°. Purement & simplement jusqu'à une certaine somme, lorsque les Juges se trouvent suffisamment instruits, pour en faire la fixation. 2°. Lorsque les Juges ne se trouvent pas suffisamment instruits, ils ordonnent que l'Accusateur fera informer & ouir Témoins sur ses facultés ; & s'il a pû avoir les choses prétendues volées dans l'endroit, l'Accusé n'est point admis à la preuve contraire ; & sur le vû de cette espece d'enquête les Juges déferent le serment jusqu'à une certaine somme qu'ils fixent, *v. tit. ff. de in litem jur.*

Mais pour déferer le serment *in litem*, la grande faute ne suffit pas, il faut du dol ; *ex culpâ autem non esse jusjurandum deferendum constat, sed æstimationem à Judice faciendam, l.* 40. §. 4. *de in lit. jur. l.* 5. §. 3. *eod. v.* Dol.

5. Après le serment déferé par le Juge & prêté, le Demandeur peut agir de nouveau, s'il a depuis recouvré de nouvelles pieces. *Secùs*, s'il a été déferé par la Partie, *leg.* 31. *de jur. jur.*

SERVITUDES.

Page 619. col. 1. nomb. 5. *in fin. ajoutez : leg.* 23. §. 3. *eod.*

Et *infr.* dudit nombre 5. *mettez l'addition qui suit :*

6. Celui qui en vendant un fonds, y réserve une servitude pour lui & pour son voisin, la retient en entier lui seul ; de sorte que l'addition de voisin, est inutile, *l.* 5. *commun. præd. v.* Vente, sect. 1. nomb. 12.

7. *Servitus aut tota amittitur aut tota retinetur, l.* 18. *de servit. præd. rust. l.* 8. §. *un. quemadm. servit. amitt.*

8. Celui qui use d'une servitude pour l'autre, peut perdre par prescription celle qui lui étoit dûe, *l.* 18. *quemadm. serv. amit.* Même celui qui ayant droit de prendre de l'eau pendant la nuit, la prend de jour, *l.* 10. §. *un. eod. Secùs*, si deux ayant ces servitudes, sont convenus entr'eux que l'un useroit de celle de l'autre, *l.* 5. §. *un. de aqu. quotid. & æstiv.* ou si l'on use de la servitude au-de-là de ce qui est dû.

Ibid. page 619. col. 1. nomb. 4. *in fin. ajoutez : v. leg.* 7. *quemadm. servit. amitt.*

La Loi 13. *C. de servit. & aqu.* qui veut que toute servitude se perde par prescription de dix & vingt ans, se doit entendre entre présens ou absens ; ce qui doit avoir lieu dans la Coutume de Paris en servitudes visibles.

Nota. Ladite Loi 13. se doit entendre des servitudes rustiques; car les urbaines ne se perdent par prescription sans contradiction, *l.* 18. §. 2. *quem. servit. amitt.*

Ibid. col. 2. sect. 3. lig. 5. après *& aqu. ajoutez* : *v.* Fachin, *lib.* 8. *cap.* 22.

Et *infr.* de cette sect. 3. *ajoutez ce qui suit* :

SIMULATION.

In contractibus rei veritas, potiùs quàm scriptura perspici debet, leg. 1. *plus val. quod agit.*

SOCIETE'.

Page 620. col. 2. *infr.* du nomb. 5. *ajoutez ce qui suit* :

Mais en ce dernier cas à la fin de la société celui qui a fourni de l'argent doit reprendre son avance, Fachin, *lib.* 2. *cap.* 94. & s'il ne se trouve pas assez de fonds, celui qui a fourni les deniers perd le surplus, Fachin, *ibid. cap.* 95.

SOLIDITE'.

Page 627. col. 2. n. 2. lig. 14. de sa portion, *lisez* : les arrerages de sa portion.

Et lig. 15. *après le mot* Solidité, *ajoutez ce qui suit* :

Molin. sur Paris, §. 78. *nov. consf. gl.* 4. *n.* 35. Automn. sur Bourd. 82 & 84. Gandillaud sur la Rochelle, 22. n. 2. la Peyr. R. nomb. 1. & S. nomb. 49. Bret. sur Henr. tome 1. liv. 3. qu. 6. *Secùs*, si le créancier de la rente s'est réservé ses droits contre les co-débiteurs, le Br. des success. liv. 4. ch. 2. sect. 3. nomb. 20. Cependant Bacq. des Droits de Justice, chap. 21. nombre 246. tient que le payement, divisement fait des arrerages d'une rente pendant quelque tems, n'induit pas la division ni du principal ni des arrerages, Bacq. des Droits de Justice, ch. 21. nomb. 2.

Et *ibid. infr.* de la ligne 23. *mettez l'addition suivante* :

De même *in simplici debito*, quand la quittance porte que l'un des débiteurs solidaires a payé sa portion; *secùs* si la quittance est d'une certaine somme reçue d'un des co-débiteurs solidaires, quoique cette somme soit précisément sa portion, & que la quittance ne contienne point de réserve de solidité, Bacq. *eod.* n. 245.

De même lorsque le créancier reçoit le rachat de portion de la rente d'un des co-débiteurs solidaires, il y a division, Bacq. *eod.* n. 245.

Et par Arrêt de la premiere Chambre des Enquêtes, au rapport de M. Fornier de Montagny du 26 Janvier 1717, entre Jean Pasquier, Appelant de Sentence de Tours du 24. Janvier 1711. & Jean Greban Intimé, & autres, il a été jugé en confirmant la Sentence, que Pasquier, créancier d'une fresche ou rente fonciere sur une teneure, ayant reçu, ou quoiqu'il en soit le sieur Gastien son auteur, le remboursement de Bellanger, l'un des co-Freschcurs, la rente étoit devenue rachetable, & étoit divisée; que par conséquent Greban, l'un des Freschcurs étoit en droit de rembourser sa portion, sans être obligé de rembourser celle de ses autres co-Freschcurs, *v.* Tours, 192.

Ibid. page 628. col. 1. ligne 8. *in fin. ajoutez ce qui suit* :

Nota. Dans l'espece de l'Arrêt de 1744. il s'agissoit de redevances Seigneuriales; & dans celui de 1742. rendu contre les conclusions de M. Gilbert, Avocat Général, il s'agissoit d'une simple rente fonciere. Mais cette distinction ne paroît pas solide.

Mais lorsque le Seigneur ou créancier de la rente décharge de la solidité l'un des détempteurs à perpétuité, alors la division est acquise de droit, nonobstant telles réserves que le créancier puisse faire, parce que si, comme le dit Basnage, *loco cit.* pour quelque rente que ce soit, la division n'en peut pas être présumée que par le fait exprès du Seigneur ou du créancier, il faut tenir que par son fait exprès la division doit être présumée. Et c'est en ce cas qu'il faut tenir avec Bartole, *in l.* 18. *cod. de pact.* que *pactum tacitum divisionis*, *uni ex debitoribus in solidum obligatis factum*, *cæteris etiam absentibus & ignorantibus prodest*; laquelle opinion de Bartole est communément suivie, comme l'assure Bacquet, *loco cit. n.* 244. *in fin. v.* Despeiss. tome 1. part. 1. tit. 5. sect. 3. n. 30.

SUBSTITUTION.

Page 635. col. 1. *infr.* de la ligne 5. *mettez l'addition suivante* :

Quand la substitution est présumée fideicommissaire ou directe, *v.* Mœnoch. *lib.* 4. *pr.* 66. dans le doute elle est censée directe, Mœnoch. *lib.* 4. *pr.* 67. *n.* 6. Peregr. art. 1. n. 4. Mol. *cons.* 59. *n.* 10.

Ainsi, par ces termes : Je fais mon heritier *Caius*, auquel je substitue *Sempronius*, *præsumitur Sempronius directò, non autem per fideicommissum substitutus*, Mœnoch. *lib.* 4. *præs.* 66. *n.* 2. Ainsi, pour induire un fideicommis il faut qu'il se rencontre une présomption violente, qui fasse connoître avec une espece de nécessité, que l'intention du Testateur a été de rendre la substitution fideicommissaire, Ricard, *loco cit.* n. 246.

Ibid. col. 2. lig. 27. après 212. & suiv. *ajoutez* : Fachin, *lib.* 4. *cap.* 40. & *lib.* 12. *cap.* 76.

Ibid. ligne 30. *in fin. ajoutez* : *v.* Fachin, *lib.* 4. *cap.* 41. qui dit qu'en ce cas, la mere doit heriter également avec les enfans, *v. infr.* sect. 2. n. 11.

Ibid. page 636. col. 2. n. 13. *in fin. ajoutez* : *v.* Fachin, *lib.* 4. *cap.* 63.

Ibid. page 637. col. 2. n. 11. ligne 25. *in fin. ajoutez* : *v.* Légitime, sect. 1. nomb. 2.

Ibid. page 641. col. 2. sect. 5. nomb. 1. lig. dern. *in fin. ajoutez ce qui suit* :

Mais Fachin, *lib.* 4. *cap.* 44. tient que la compendieuse faite à un fils impubere ne peut pas être convertie en fideicommissaire, si l'enfant meurt après la puberté.

Ibid. page 642. col. 1. nomb. 7. *in fin. ajoutez* : sect. 1. n. 2.

Ibid. page 643. col. 1. lig. 1. *l.* 65. *lisez* : *l.* 63.

Ibid. lig. 2. *après* Notair. *ajoutez* : tom. 1.

Et *in fin.* de ladite lig. 2. *ajoutez encore* : Mœnoch. *lib.* 4. *præs.* 67. *n.* 12.

Ibid. nomb. 2. *in fin. ajoutez* : *v.* Fachin, *lib.* 4. *cap.* 81 & 82.

Ibid. col. 2. nomb. 10. *in fin. mettez cette addition* :

Mœnochius, *lib.* 4. *pr.* 68. rapporte différens cas où la presomption est qu'il y a fideicommis. Ces cas & tous les autres, qu'on pourroit à jamais imaginer, se réduisent au point de sçavoir, si par les termes, l'heritier ou Légataire est chargé expressément ou tacitement de rendre l'hérédité ou le legs à un tiers. Car où il n'y a point de charge de restituer expresse ou tacite, il ne sçauroit y avoir de fideicommis. *Secùs* s'il y a charge expresse ou tacite de restituer, *v. supr.*

Ainsi, de ces termes : en quelque tems que mon heritier ou mon Légataire meure, *quandocumque morietur hæres*, je veux que mon hérédité appartienne à tel, il y a fideicommis ; comme aussi lorsque l'usufruit est legué à l'un, & la proprieté à l'autre, *v. infr.* sect. 5. dist. 3. n. 1. & dist. 5. n. 3.

Page 645. col. 1. *infr.* du nomb. 22. *ajoutez ce qui suit* :

Qui peut substituer quels biens & comment ? *v.* les 18. premiers articles du titr. 1. de l'Ordonnance des substitut. de 1747.

Ibid. in princip. de la dist. 1. *ajoutez* : *v.* l'Ordonn. des substit. de 1747. tit. 1. art. 19.

Page 646. col. 1. ligne 10. condamné : *lisez* : ordonné.

Ibid. distinct. 2. nomb. 1. lig. 6. *in fin. ajoutez* : *v.* Fachin, *lib.* 4. *cap.* 49.

Page 647. col. 1. sect. 2. nomb. 2. *in fin. ajoutez* :

Mais *v.* l'article 21 du titre 1. de l'Ordon. des substit.

Ibid. n. 3. lig. pénult. au lieu de *v. infr.* n. 3. *mettez* : *v. infr.* sect. 5. dist. 2. n. 14. *v. supr.* part. 1. sect. 5. n. 8.

Page 648. col. 1. *infr.* de la ligne 3. *ajoutez* :

ajoutez: Mais les filles sont-elles appellées audéfaut de mâles, *v.* l'art. 22. du tit. 1. de l'Ordon. des substit.

Ibid. col. 2. lign. 10. *in fin. ajoutez:* Fach. *lib.* 4. *cap.* 85. *v.* Peregrin. art. 20.

Page 649. col. 1. *in fin.* de la sect. 2. *mettez l'addition suivante*:

12. Si un Testateur ou Donateur en mariant son fils a substitué ses biens en faveur des enfans à naître du present mariage de son fils, ces termes, *du present mariage*, restraignent la disposition au seul mariage que le Testateur ou Donateur a désigné: *Si quis ex certâ uxore natum scribit heredem, periculum rumpendi testamentum deducit, ex aliâ susceptis liberis, leg. filius à patre* 28. §. *si quis* 2. *ff. de liber. & post. verba specialiter prolata non possunt ad aliud prorogari*, Balde & Godefr. *ad dict.* §. 2. *Institutio natorum, vel nasciturorum ex tali uxore, non porrigitur ad natos, vel nascituros ex aliâ, textus in dict.* §. 2. *& ita tenent* Barthol. Alex. *& omnes in leg. placet* 4. *eod.* Mol. *conf.* 40. *n.* 7. *Fontanella de pact. nuptial. consil.* 4. *gl.* 9. *part.* 1. *n.* 37. *& suiv.*

Arrêt en 1552. Pap. liv. 17. tit. 3. n. 3. Arrêt 4. Juin 1637. le Maistre, plaid. 38. *in fin.* Arrêté de Grands Commissaires de la Grand'Chambre, au rapport de M. Pasquier, du Lundy 8. May 1747. M. Joly qui a écrit pour la Marquise de Mison contre la Marquise de Valbelle & son fils, fait mention d'un pareil Arrêt du Parlement d'Aix du 20. Juin 1738. produit par sa Partie.

Mais ces mots, *en légitime mariage*, *non restringuntur ad certum matrimonium, sed restringunt ad prolem per matrimonium legitimum continuatum*, Mol. *loc. cit. n.* 13. *ex quocunque matrimonio descendentes; quia non fit hîc restrictio ad descendentes ejusdem matrimonii*, Mol. sur ces mots de l'art. 17. tit. 14. de la Cout. d'Auvergne: *Saisissent les donations au profit des contrahans* lesd. mariages descendans d'eux tant seulement.

De même le ventre étant institué heritier, tout posthume même né d'une autre femme, est censé institué, Fachin, *lib.* 4. *cap.* 89.

De même si le Testateur a institué le posthume de sa femme, si elle étoit enceinte, Fachin, *ibid. cap.* 90.

13. Si le Testateur institue conjointement son fils & son petit-fils, ils ne sont point censés institués *ordine successorio*, mais chacun est censé institué dans sa portion, Fachin, *lib.* 4. *cap.* 78.

Page 650. col. 2. sect. 4. entre le sommaire de cette section & celui de la dist. 1. *inserez ce qui suit:*

V. Eviction, n. 8. *in fin.*

Comment ceux au profit desquels la substitution est ouverte peuvent se pourvoir contre les Ar. contradictoires rendus avec le grevé, *v.* les art. 50. 51. & 52. du titre 2. de l'Ordon. d'Août 1747. Des formalités des transactions avec les grevés, *v.* les art. 53. & 54. *eod.*

Ibid. dist. 1. n. 1. *in fin. ajoutez*: *v.* l'art. 4. du titre 1. de l'Ordon. des substitut.

Ibid. page 651. col. 1. ligne 4. *in fin. ajoutez de suite:*

Ou lorsque le fideicommissaire est enfant du Testateur & l'heritier étranger, Moenoch. Mantic. Ranch. Fab. Desp. *eod.* *V.* 5°. Bien que le Testateur ait dit qu'il substituoit à son hérédité, suivant Moenoch. Grass. & Desp. *eod.* contre Mantic. *de conject. ult. vol. lib.* 7. *tit.* 7. *n.* 1. 2. *&* 3. & Fachin, *lib.* 5. *cap.* 16. Mais l'avis de ces derniers est à préferer, *v.* Fach. *loco cit.*

Ibid. ligne dern. de la col. 1. *ajoutez*:

V. l'art. 56. du tit. 1. de l'Ord. de substit.

Ibid. page 652. col. 1. dist. 3. n. 1. *in fin. ajoutez*: *Secùs* si l'hérédité ne consistoit qu'en mobilier.

Ibid. n. 2. *in fine, ajoutez*: Mais *v.* les art. 1. 2. 3. 4. 5. 6. & 7. du titre 2. de l'Ordon. des substit.

3. Sur la vente des meubles & emploi du prix d'iceux, *v.* les art. 8. 9. 10. 11. 12. 13. 14. 15. 16. & 17. du même tit. 2. de ladite Ordon.

Page 653. col. 2. n. 4. ligne 23, *in fin. ajoutez*:

Ainsi, le Profès pourra disposer avant sa Profession de l'usufruit du fideicommis sa vie durant.

Et *infr.* dudit n. 4. *mettez cette addition*:

5. Celui qui demande l'ouverture du fideicommis laiſſé ſous la condition, *ſi ſine liberis*, doit prouver que l'heritier eſt mort ſans enfans, parce que tout Demandeur doit prouver le fondement de ſa demande, *leg.* 2. & 3. *cod. de probat. Secùs* s'il eſt Défendeur & en poſſeſſion, Fach. *lib.* 6. *cap.* 44. *v.* Demandeur.

Page 653. col. 2. diſt. 6. *in princip. mettez*: *v.* les art. 40. & 41. du titre 1. de l'Ordon. des ſubſtit.

Page 654. col. 1. n. 1. *in fin. ajoutez*:

Mais *v. infr.* ſect. 5. diſt. 5. nomb. 2. *v.* les art. 36. 37. 38. 39. & 40. du titre 1. de l'Ordon. des ſubſtit.

Pag. 655. col. 1. n. 5. lig. 6. & 7. après *de ann. leg. ajoutez*: ou quand elle eſt faite à un fils de famille.

Page 656. col. 1. lig. 2. *in fin. ajoutez*: *v.* Fachin, *lib.* 5. *cap.* 19.

Et ligne 6. *in fin. ajoutez*: *v.* auſſi Fachin, *lib.* 10. *cap.* 55.

Page 657. col. 1. lign. 16. *in fin. ajoutez*: Arrêts de 1675. & 1678. *J. Pal.* tome 1. pag. 621. & 845.

Ibid. col. 2. ligne 3. *in fine, ajoutez*: Mais c'eſt ſans fondement: Au reſte, *v.* l'Ordon. des ſubſtit. tit. 1. art. 52.

Page 658. col. 2. lig. 5. *in fin. ajoutez*: *V.* l'Ordon. des ſubſtit. tit. 2. art. 17.

Page 660. col. 1. n. 11. *in fin. ajoutez*: *v.* l'Ordon. des ſubſtit. tit. 1. art. 41.

Page 661. col. 1. nombre 12. *in fin. ajoutez*: *v.* l'Ordonnance des ſubſtit. tit. 1. art. 26. *v.* Teſtament, ſect. 8. *v.* l'Ordon. des teſtamens, art. 53.

Page 662. col. 2. ligne dern. du n. 22. *ajoutez*: *v.* l'Ordon. des ſubſtit. tit. 1. art. 27.

Pag. 664. col. 1. *in fin.* du n. 39. *ajoutez*:

Sur la forme de cette renonciation, *v.* l'Ordon. des ſubſtit. tit. 1. art. 28.

Ibid. col. 2. *infr.* du nomb. 44. *ajoutez ce nomb.* 45.

45. Exhérédation faite par peres ou meres ne prive des ſubſtitutions faites par d'autres perſonnes, article 29. du tit. 1. de l'Ordon. du mois d'Août 1747.

Page 665. col. 2. ligne 5. *in fin. ajoutez*: *V.* l'Ordon. des ſubſtit. tit. 1. art. 23.

Page 666. col. 1. lign. 5. *in fin. ajoutez*: *v. ſupr.* ſect. 2. n. 12.

Si les enfans morts civilement par condamnation ou Profeſſion Religieuſe, font manquer la condition *ſi ſine liberis*, *v. ſupr.* ſect. 4. diſtinct. 5. n. 4. *v.* l'Ord. des ſubſtit. tit. 1. art. 23. & 24.

Ibid. à la fin du n. 3. *ajoutez ce qui ſuit*:

La ſubſtitution étant faite en cas que les enfans à naître décedent ſans enfans, elle a lieu s'il ne naît pas d'enfans, Fachin, *lib.* 4. *cap.* 46.

Page 669. col. 1. *in fin.* du n. 14. *ajoutez*:

Mais *v.* l'Ord. des ſubſtit. tit. 1. art. 20.

Page 670. col. 1. *infr.* du nombre 21. *ajoutez*:

22. Subſtitution conditionnelle étant faite en faveur d'enfans nés & à naître, ceux-ci étant nés depuis l'évenement de la condition, concourent avec ceux qui étoient nés, *Fachin. lib.* 4. *cap.* 88.

Ibid. in princip. de la diſt. 3. *mettez*:

V. l'Ordonnance des ſubſtitutions titre 1. art. 20.

Ibid. diſt. 3. nomb. 1. *infr.* de la ligne 9. *ajoutez ce qui ſuit*:

Mais quoique le fideicommiſſaire meure avant l'évenement de la condition, étant lui-même grevé de ſubſtitution en faveur de ſes enfans ou autres, s'ils ſurvivent à l'évenement de la condition, l'inſtitution ou le legs leur eſt dû, *dict. leg. un.* §. 4. & 7. *cod. de caduc. tollend.* car en ce cas, il ne s'agit pas de tranſmiſſion, mais de fideicommis dont l'hérédité eſt chargée, *v. ſupr.* diſt. 2. n. 20. *v.* Godefr. *ad dict.* §. 4. *v.* Henrys, tome 1. liv. 5. qu. 22. où il établit que l'inſtitution étant devenue caduque par le prédécès de l'heritier inſtitué, le teſtament ne laiſſe pas de ſubſiſter quand il y a un heritier ſubſtitué, parce que la ſubſtitution eſt une ſeconde inſtitution.

Page 671. col. 2. nomb. 4. ligne 7. *in fin. ajoutez*:

Mais *v.* l'Ordonnance des ſubſtit. tit. 1. art. 20.

Page 672. col. 2. *in princip.* de la dist. 4. *mettez*: *v.* l'Ordon. des substit. tit. 1. art. 18. & suiv. jusqu'au 46e.

Page 674. col. 1. *in princip.* de la dist. 5. *mettez*: *v.* l'Ordon. des substit. tit. 1. art. 30. & suiv.

Et à la fin de cette dist. 5. *ajoutez*:

Quels sont les Juges des contestations sur les substitutions, & de la nécessité des conclusions des Gens du Roi, *v.* ladite Ordonnance des substit. tit. 2. art. 47. 48 & 49.

SUCCESSION.

Page 675. col. 2. n. 4. *in fin. mettez ce qui suit* :

Mais si le pere ou la mere ou l'ayeul paternel & le maternel succedent ensemble au fils ou petit-fils *qui erat in potestate*; le pere ou l'ayeul paternel a l'usufruit dans la portion de la mere ou de l'ayeul maternel, parce que par la *Nov.* 118. *cap.* 2. Justinien n'a point dérogé à la Loi derniere, *cod. ad Tertill. Fachin. lib. 6. cap. 6.*

Page 676. col. 1. sect. 3. n. 3. ligne 5. *effacez*, *v. infr.* n. 2. & *mettez*: *v. supr.* n. 2. sans examiner d'où procedent les biens, Fachin, *lib. 6. cap. 5.*

Pag. 679. col. 1. n. 2. ligne 38. *après* 296. *ajoutez* : Mais *v.* Ameublissement, *v.* aussi Ric. sur Paris 314. & Dupless. *ibid.* qui sont d'avis contraire.

SUGGESTION.

Page 681. *infr.* de la ligne 2. de ce mot, *ajoutez ce qui suit :*

Testament peut être fait par l'avis d'un Jurisconsulte, *v. leg. pen.* §. *ult. de leg.* 1. le Testateur peut se servir de conseil au tems même qu'il fait son testament, Ricard des don. part. 1. n. 55. Ar. 30. Juillet 1657. jugé qu'un testament ne peut être dit suggeré, quoiqu'il se fût trouvé un exemplaire écrit de la main du fils du Legataire avec une consultation envoyée de Paris, Ric. *ibid. v.* Conseil, n. 3.

SUPERFICIE.

Ibid. col. 2. *in fin. ajoutez* :

Solum partem ædium esse existimo, *leg.* 49. *de rei vindicat.*

T

TESTAMENT.

PAGE 697. col. 1. *infr.* de la ligne antépenult. *ajoutez ce qui suit :*

Autre Arrêt du Lundi 14. Juillet 1749. plaidans M[es]. du Vaudier & Bigot de Sainte-Croix, entre le Marquis du Châtelet, Appelant, & Madame la Présidente Talon, Intimée, confirme la Sentence des Requêtes de Palais, qui avoit déclaré le testament olographe valable, quoique le lieu où il avoit été fait & écrit n'y fût pas marqué, *v. infr.* sect. 3. dist. 1. n. 4.

Page 699. *infr.* de l'art. 61. *ajoutez ce qui suit* :

Nota. Cet article ne parle pas du cas de la substitution pupillaire, expresse ou tacite, ni compendieuse. Ainsi, la question : Si & quand la mere est excluse, & quelle est la quotité de sa légitime, reste entiere.

Page 731. col. 1. *in fin. ajoutez*:

10. La clause codicillaire opere que l'institution directe est convertie en fideicommissaire, *leg.* 19. *de testam. milit. leg.* 29. §. 1. *qui testam. fac. poss.*

TRANSACTION.

Page 734. *in princip.* de ce mot, *ajoutez ce renvoi*:

V. Obligation, n. 16.

Page 735. col. 1. ligne 15. *in fin. ajoutez*:

V. Fachin, *lib.* 5. *cap.* 20.

Ibid. col. 2. n. 8. ligne 14. *in fin. ajoutez*:

V. Vente, sect. 2. n. 4.

Ibid. page 736. col. 1. lign. 2. *in fin. ajoutez*: *v.* Godefr. *ad dict. leg.* 8. *cod. de transact.*

TRANSPORT.

Page 737. col. 2. nomb. 11. *in fin. ajoutez:* Mais ladite Novelle, chap. 2. n'est pas suivie en France en ce point.

Page 738. col. 2. n. 16. *in fin. ajoutez:* Lesdites Loix n'ont pas lieu nonplus lorsqu'un des co-heritiers ou Associés acquiert la part indivise de l'un d'entr'eux.

TUTEUR.

Page 758. col. 2. *effacez depuis le 2e. à-lineâ:* Il est aussi tenu, &c. *jusques & non compris le quatriéme à-lineâ:* Et quand il est condamné, &c. *& à la place substituez ce qui suit:*

Il est aussi tenu en son nom des défauts & contumaces obtenus contre lui, comme provenans de sa faute & négligence, *l. 55. de evictionib. l. 2. cod. de fund. patrimon.* Bacq. des droits de Just. ch. 21. n. 43.

Au reste, un Tuteur ne doit point être condamné aux dépens en son nom, si de sa part il n'y a dol & mauvaise foi évidente, suivant Bacq. *eod.* n. 42.

Mais pour obtenir la condamnation aux dépens contre un Tuteur en son nom, il n'est pas nécessaire qu'il y ait dol & mauvaise foi évidente de sa part, il suffit, *si ratio litigandi non fuit, l. 78. §. 2. de leg. 2. Si supervacaneam litem instituisset, l. 9. §. 6. de adm. & peric. tut.* Godefr. *ad dict. leg.* 6. s'il a fait de mauvaises chicanes sciemment, *si scienter calumniosas instituant actiones, l. 6. cod. de adm. tutor.*

Et en ce cas, il est besoin de requerir la condamnation de dépens contre le Tuteur en son nom auparavant le Jugement du Procès, afin qu'en y procedant l'on puisse connoître, si de sa part il y a de la calomnie ou non, Bacq. *eod.* ou si le Procès a été intenté sans fondement ou inutilement.

Page 759. col. 1. *in fin.* du nombre 16. *ajoutez ce qui suit:*

Suivant la Loi 5. §. 5. *de auct. & cons. tut. & curat.* le Tuteur peut se rendre Adjudicataire des biens de son mineur, quand ils sont vendus en Justice à la requête des créanciers du mineur.

Et *infr.* du n. 17. *ajoutez les nomb. suiv.*

18. Mineur n'est tenu de la fraude faite par son Tuteur, *l. 198. de div. reg. jur.* que d'autant qu'il en est devenu plus riche, *l. 3. quand. ex fact. tutor.*

19. *Sufficit tutori, benè & diligenter negotia gessisse, si eventum adversum habuit, quod gestum est, l. 3. §. 7. de contr. tutel. & util. act.*

Page 761. col. 1. nomb. 2. *in fin. ajoutez ce qui suit:*

C'est-à-dire, qu'après le décès du Tuteur ses heritiers sont tenus de l'administration extrajudiciaire de la tutelle, *l. 1. de fidejuss. & nominat. & hered. tut. & curat. l. 12. §. 2. de negot. gest.* non de la judiciaire quoique commencée, Godefr. *ad dict. leg.* 1. mais ils sont tenus de dénoncer le décès du Tuteur; de même le Tuteur est tenu de dénoncer la majorité ou le décès de son mineur.

Page 765. col. 1. *infr.* du n. 14. *ajoutez ce nomb.* 15.

15. Si le Tuteur est tenu de rendre les deniers du pupille avant le compte, *v.* Fachin, *lib.* 8. *cap.* 58.

Page 771. col. 1. n. 2. lig. 5. après T. 13. *ajoutez:* contre la Loi 3. §. 2. *de adm. & peric. tut.*

V

VENIAT.

PAGE 772. col. 1. *infrà* de la lig. 2. *mettez cette addition:*

Mais le Bailli d'une Justice Seigneuriale peut donner *veniat* aux Officiers subalternes qui ressortissent par appel devant lui. Ar. 5. Février 1722. pour le Bailli de Saint Germain des Prés, contre le Procureur Fiscal de la Prevôté de Villeneuve-Saint-Georges, rapporté dans les Loix criminelles, tome 2. page 361.

VENTE.

Page 772. sect. 1. nomb. 1. *in fin. ajoutez ce qui suit* :

Le fils de famille ne peut aliener ni hypotequer les biens dont son pere a l'usufruit, *l.* 8. §. 5. *vers. filiis autem fam. cod. de bon. qu. liber.* s'entend seulement des biens dont le pere a l'usufruit en vertu de la puissance paternelle, & non d'ailleurs, Catell. liv. 5. chap. 28. *v.* Puissance paternelle, sect. 2. n. 2.

Page 773. col. 2. *infr.* du n. 11. *ajoutez le n.* 12. *suiv.*

12. Quoiqu'il soit dit que l'Acquereur achete pour lui & pour un autre, l'acquisition appartient en entier à l'Acquereur, *l.* 64. *de contrah. empt. Secùs* s'il étoit fondé de procuration.

Page 774. col. 2. sect. 3. nomb. 2. *in fin. ajoutez : v.* Fachin, *lib.* 2. *cap.* 1.

Page 777. col. 2. sect. 5. n. 3. *in fin. ajoutez : leg.* 5. *ff. de tritic.*

Page 782. col. 1. nombre 19. lign. 13. *in fin. ajoutez* :

Secùs, lorsque la vente n'est pas parfaite, ou lorsqu'il s'agit d'un contrat innommé, non d'une vente, *ut in leg.* 16. *de condict. caus. dat. caus. non secut.*

Et col. 2. *in fin.* dudit n. 19. *ajoutez* :

Enfin, *qui rem vendendam acceperit, ut pretio uteretur, periculo suo rem habebit, l.* 4. *de reb. credit.*

VIRILE.

Page 785. col. 1. lig. 6. *in fin. ajoutez* :

Ou la portion en usufruit qui appartient au pere en récompense de l'émancipation, *v.* Emancipation.

USAGE.

Page 789. col. 1. nombre 5. au lieu des trois dernieres lignes de cette col. & des sept premieres de la col. 2. *mettez ce qui suit* :

Celui qui n'a que l'usage de la maison n'est pas même tenu des menues réparations si le Propretaire en occupe une partie, *l.* 18. *de usu & habit.* ni de faire la culture du fond, *arg.* §. 1. *Inst. de usu & habit.* ni au payement des Tailles & autres charges imposées sur la chose, sinon que lui seul en jouisse, & non le Proprietaire, auquel cas, il est tenu de toutes ces choses, & des réparations de même que l'usufruitier, *arg. dict. leg.* 18. *gloss. in dict. l.* 18.

Ibid. col. 2. avant le dernier *à-lineâ*, lign. dern. après *v. supr.* n. 3. *ajoutez* :

Nota Ladite Loi 22. s'entend de l'usage legué d'une Forêt fort éloignée du Legataire, *gloss. ad dict. leg.* 22.

USUFRUIT.

Page 791. col. 1. n. 9. *in fin. ajoutez* :

Legs du fruit, *deducto usu*, est valable, Ulp. *in leg.* 14. §. *ult. de usu & habit. & leg.* 5. §. 2. *de usuf. quemadm. caveat.* contre Ulpien lui-même qui se contredit *in dict. leg.* 14. §. 1.

Ibid. col. 2. sect. 2. nombre 1. *infr.* de la ligne 22. *ajoutez ce qui suit* :

Si la proprieté est leguée à l'un sous condition, & l'usufruit à un autre, celui-ci doit donner caution, tant à l'heritier qu'au Legataire de la proprieté, *l.* 8. *Usufructuar. quemadm. caveat.*

Ibid. col. 2. ligne dern. *l.* 1. *de usufr. lisez : leg.* 1. *cod. de usufr. & habit.*

Page 793. col. 1. dern. *à-lineâ*, lig. 7. *ex fœtu, lisez : ex agnatis.*

Et même ligne, §. *ult. lisez* : §. *unic.*

Page 794. col. 2. nomb. 15. *infrà* de la ligne 10. *ajoutez ce qui suit* :

En ce cas, il est plus naturel de vendre des biens jusqu'à concurrence des dettes, *v.* Fachin, *lib.* 4. *cap.* 19.

Ibid. pag. 795. col. 2. lignes 3. & 4. *au lieu de* n'y puisse habiter commodément, *dict. l.* 30. *mettez* : n'y puisse pas habiter : *Ut non in totum ædes obscurentur, sed modicum lumen, quod habitantibus sufficit, habeant, dict. leg.* 30. *v. leg.* 1. §. 4. *si ususfr. pet. v. infr.* sect. 4. n. 20. *in fin.*

Pag. 798. col. 1. lign. 28. *avant v.* Ardoisiere, *ajoutez ce qui suit* :

Sicut paterfamil. cædebat, dict. leg. 9. §.

ult. car cette Loi parle de *sylvâ cæduâ*, c'est-à-dire, *cœdi consuetâ*, Accurs. *ad leg.* 48. §. 1. *de usufr. & quemadm.* ce qui peut s'entendre tant des bois de haute futaye que le pere de famille a coutume de couper par chacun an en coupes reglées, que des bois taillis. En effet des bois en coupe reglée sont censés taillis quelqu'ils soient.

Page 799. col. 2. sect. 5. nomb. 1. *in fin. mettez l'addition suivante* :

En Pays Coutumier Titia legue à sa niece l'usufruit de tous ses biens, & la proprieté à six cousins germains par égales portions; l'un des six meurt avant la Testatrice, à qui doit appartenir sa portion? C'est à la Legataire universelle de l'usufruit, qui est censée Legataire universelle de la proprieté, *v.* Substitution, part. 2. sect. 5. dist. 5. n. 3. & que les Legataires de la proprieté sont disjoints, à cause de ces termes : *Par égales portions*, *v.* Accroissement, *v.* Ric. des subst. ch. 9. sect. 5. n. 752.

Page 800. col. 2. *in fin. ajoutez : ce qui suit* :

8. Usufruit de l'accroissement insensible & par alluvion, appartient à l'usufruitier; *Secùs* s'il est apparent, *l.* 9. §. 4. *de usufr. & quemadm. v. supr.* sect. 4. n. 19.

Page 805. col. 2. n. 1. *in fin. ajoutez ce qui suit* :

Mais les fruits qui tombent d'eux-mêmes, comme les châteignes, & non encore recueillis à la mort de l'Usufruitier, n'appartiennent pas à ses heritiers, *leg.* 13. *quib. mod. ususfr. vel us. amitt.*

Page 806. col. 1. *in princip.* de la sect. 8. *ajoutez cette note* :

V. Paris, art. 2.

Ibid. col. 1. ligne dern. §. 21. *lisez*: §. 14. anc. Cout.

Ibid. col. 2. nomb. 4. ligne 3. §. 33. gl. 1. *lisez* : §. 22. anc. Cout. gloss. unic.

Ibid. nomb. 4. lig. 13. de donation, *lisez*: de vente ou donation.

Ibid. ligne 14. après *eod. ajoutez* : §. 22.

Ibid. n. 5. *in fin. ajoutez* : *v.* Loyseau des Offic. ch. 2. n. 19. & 20.

Page 807. col. 1. nomb. 11. lig. 3. §. 33. gl. 1. *lisez* : §. 22. anc. Cout. *gl. un.*

Ibid. infr. du n. 13. *ajoutez*:

14. L'Usufruitier a le droit de chasse, *leg.* 62. *de usufr. & quemadm.*

F I N.

APPROBATION.

J'AY lû par ordre de Monseigneur le Chancelier, le *Recueil de Jurisprudence Civile du Pays de Droit Ecrit & Coutumier, par ordre Alphabetique*, avec les augmentations & corrections considerables qui y ont été faites : Je n'ai rien trouvé qui en puisse empêcher l'impression, & j'ai crû que la nouvelle Edition sera encore plus utile au Public que la précedente. Fait à Paris ce 3. Octobre 1745. *Signé*, SECOUSSE.

APPROBATION.

J'AY lû par ordre de Monseigneur le Chancelier, les nouvelles Corrections & Additions faites *au Recueil de Jurisprudence*, par feu M. de la Combe : elles m'ont paru pouvoir beaucoup contribuer à la perfection d'un Ouvrage assez utile au Public, pour mériter de fréquentes réimpressions, & une continuation de recherches & d'observations. A Paris ce 24. Février 1752. *Signé*, ROUSSELET.

PRIVILEGE DU ROY.

LOUIS, par la grace de Dieu, Roi de France & de Navarre : A nos amés & féaux Conseillers, les Gens tenans nos Cours de Parlement, Maîtres des Requêtes ordinaires de notre Hôtel, Grand-Conseil, Prevôt de Paris, Baillifs, Sénéchaux, leurs Lieutenans Civils, & autres nos Justiciers qu'il appartiendra : SALUT. Notre amé THEODORE LE GRAS, Libraire à Paris, ancien Syndic de sa Communauté, Nous a fait exposer qu'il désireroit faire réimprimer, & donner au Public un Livre qui a pour titre : *Recueil de Jurisprudence Civile du Pays de Droit Ecrit*, &c. par M. GUY DU ROUSSEAU DE LA COMBE, s'il Nous plaisoit lui accorder nos Lettres de Privilege pour ce nécessaires : A CES CAUSES, voulant favorablement traiter l'Exposant : Nous lui avons permis & permettons par ces Présentes, de faire réimprimer ledit Livre, en un ou plusieurs Volumes, & autant de fois que bon lui semblera, & de le vendre, faire vendre & débiter partout notre Royaume pendant le tems de six années consécutives, à compter du jour de la datte des Présentes. Faisons défenses à tous Imprimeurs, Libraires & autres personnes, de quelque qualité & condition qu'elles soient, d'en introduire d'impression étrangere dans aucun lieu de notre obéissance ; comme aussi d'imprimer ou faire imprimer, vendre, faire vendre, débiter ni contrefaire ledit Livre, ni d'en faire aucun extrait, sous quelque prétexte que ce soit, d'augmentation, correction, changement ou autres, sans la permission expresse & par écrit dudit Exposant, ou de ceux qui auront droit de lui ; à peine de confiscation des Exemplaires contrefaits, de trois mille livres d'amende contre chacun des Contrevenans, dont un tiers à Nous, un tiers à l'Hôtel-Dieu de Paris, & l'autre tiers audit Exposant, ou à celui qui aura droit de lui, & de tous dépens, dommages & interêts, à la charge que ces Presentes seront enregistrées tout au long sur le Registre de la Communauté des Imprimeurs & Libraires de Paris, dans trois mois de la datte d'icelles ; que la réimpression dudit

Livre ſera faite dans notre Royaume & non ailleurs; en bon papier & beaux caracteres, conformément à la feuille imprimée, attachée pour modele ſous le contre-ſcel des preſentes : que l'Impetrant ſe conformera en tout aux Reglemens de la Librairie; & notamment à celui du 10 Avril 1725; qu'avant de l'expoſer en vente, l'imprimé qui aura ſervi de copie à la réimpreſſion dudit Livre, ſera remis dans le même état où l'approbation y aura été donnée, ès mains de notre très-cher & féal Chevalier, Chancelier de France, le Sieur DE LAMOIGNON, & qu'il en ſera enſuite remis deux exemplaires dans notre Bibliotheque publique, un dans celle de notre Château du Louvre, & un dans celle de notredit très-cher & féal Chevalier Chancelier de France, le Sieur DE LAMOIGNON, & un dans celle de notre très-cher & féal Chevalier Garde des Sceaux de France, le Sieur DE MACHAULT, Commandeur de nos Ordres, le tout à peine de nullité des Preſentes. Du contenu deſquelles vous mandons & enjoignons de faire jouir ledit Expoſant & ſes ayans cauſes, pleinement & paiſiblement, ſans ſouffrir qu'il leur ſoit fait aucun trouble ou empêchement. Voulons que la copie des Preſentes, qui ſera imprimée tout au long, au commencement ou à la fin dudit Livre, ſoit tenue pour duëment ſignifiée, & qu'aux copies collationnées par l'un de nos amés, & feaux Conſeillers & Secretaires, foi ſoit ajoutée comme à l'original. Commandons au premier notre. Huiſſier ou Sergent ſur ce requis, de faire pour l'exécution d'icelles, tous Actes requis & neceſſaires, ſans demander autre permiſſion, & nonobſtant clameur de Haro, Charte Normande, & Lettres à ce contraires : CAR tel eſt notre plaiſir. Donné à Verſailles, le vingtiéme jour du mois de Mars, l'an de grace mil ſept cent cinquante-deux, & de notre regne le trente-ſeptiéme. Par le Roi en ſon Conſeil. SAINSON.

Regiſtré enſemble la ceſſion ci-derriere ſur le Regiſtre douze de la Chambre Royale des Libraires & Imprimeurs de Paris, N. 748. fol. 596. conformément aux anciens Réglemens confirmés par celui du 28. Février 1723. A Paris le 24 Mars 1752.
COIGNARD, Syndic.

J'ai fait part du préſent privilege à Mrs. Paulus-du-Meſnil, Mad. veuve Cavelier, de Nully, Ganeau, chacun pour un ſixiéme, & Mrs. Nyon fils & Savoye, chacun pour un douziéme, pour en jouir conjointement avec moi. A Paris ce 23. Mars 1752.
LE GRAS.

www.ingramcontent.com/pod-product-compliance
Ingram Content Group UK Ltd.
Pitfield, Milton Keynes, MK11 3LW, UK
UKHW021646260726
13994UKWH00003B/1311

9 782329 49873